아이누의 권리란 무엇인가

신법·상징공간, 도쿄올림픽과 선주민족

AINU NO KENRI TOWA NANIKA SHINPOU · SHOUCHOUKUUKAN ·
TOKYOGORIN TO SENJUUMINZOKU
© TESSA MORRIS-SUZUKI, MORIHIRO ICHIKAWA 2020
Originally published in Japan in 2020 by Kamogawa Shuppan Co., Ltd., KYOTO
Korean translation rights arranged with Kamogawa Shuppan Co., Ltd., KYOTO
through TOHAN CORPORATION, TOKYO and Eric Yang Agency, SEOUL.

한국외국어대학교 일본연구소
일본사회의 서벌턴 연구 번역총서 05

아이누의 권리란 무엇인가

신법·상징공간, 도쿄올림픽과 선주민족

테사 모리스 스즈키·이치카와 모리히로 저
박용구·박민영·김경희·김경옥·오성숙·이권희 옮김

들어가는 말

홋카이도(北海道) 히다카(日高) 우라카와(浦河)의 기네우스(杵臼) 마을에서 1935년에 태어난 오가와 류키치(小川隆吉) 에카시(エカシ=아이누어로 장로라는 뜻)는 최근 건강이 좋지 않아 예전의 체력을 완전히 잃어버렸습니다. 하지만 오랫동안 민족의 권리를 요구하며 투쟁해 온 그의 의지는 여전히 확고합니다. 삿포로(札幌)의 노인 요양 시설에 거주하면서 매일 신문을 읽고 팩스로 자신의 생각을 발신하고 있습니다.

제게 보내온 팩스에는 정부가 홋카이도 시라오이초(白老町)에 설치한 아이누의 '민족 공생 상징공간(우포포이)'에 관한 기사 '다음 달 개업할 수 있나?'(홋카이도 신문 2020년 3월 9일)에 다음과 같은 코멘트가 있었습니다.

"전부 그만두세요! 오가와 류키치"

오가와 류키치 장로는 '상징공간'에 대한 반대 의견을 더욱 굳히게 되었습니다. 해당 부지 안에 마련된 위령 시설에는 2019년 말 기준 아이누인 유골 1,200여 구와 200여 개의 함이 안치되었기 때문입니다. 이 유골은 아시아·태평양 전쟁 전부터 홋카이도, 지시마(千島), 사할린 등의 주로 아이누 묘지에서 인류학자들이 파헤쳐 간 것으로 홋카이도대학을 비롯한 전국 각지의 대학들이 연구 대상으로 보관해 왔습니다.

최근 일본 정부는 홋카이도 아이누 협회와의 협의를 거쳐 대학의 아이누 유골을 '상징공간'의 위령 시설로 대량 이전하는 작업을 진행했습니다. 그러나 오가와 류키치 장로는 단순히 유골이 대학 창고에서 '상징공간'으로 이관했다는 사실만으로 아이누 유골 문제가 해결되었다고 전혀 받아들일 수 없습니다.

아이누 유골은 촌락의 무덤을 파헤쳐 간 것이다. 따라서 가져온 마을의 묘지로 돌려보내야 마땅하지 않은가? 아이누의 장례 풍습은 토장이기 때문에 흙 속에 묻혀야 할 유골이 콘크리트 구조물로 둘러싸인 시설에 보관되는 것은 아무리 '정성'을 다해 다뤘다고 해도 고인들에게 안식을 줄 수 없지 않은가.

위령 시설로 유골을 옮긴 사람들은 어떻게든 유골을 매장하고 싶지 않았던 것 같습니다. 연구를 포기할 수 없는 인류학자들의 숨겨진 의도가 엿보입니다.

아이누 민족의 권리 회복을 주장해 온 오가와 류키치 장로는 파헤쳐 간 유골을 마을로 되돌려달라고 오랫동안 호소해 왔습니다. 홋카이도대학 의학부 캠퍼스 한켠에는 '아이누 납골당'이 있습니다. 홋카이도대학이 파헤쳐 간 1,000여 구의 유골이 방치되어 있던 건물입니다. 홋카이도대학은 아이누 유골을 늑대의 두개골 등과 함께 오랫동안 연구실에 진열해 두었습니다. 1980년대에 아이누 유골의 홋카이도대학 반입이 문제가 되자 아이누 납골당을 만든 것입니다. 납골당이라 해도 정식 명칭은 '표본 보존고'입니다.

저는 여러 차례 오가와 류키치 장로의 안내로 납골당을 방문했습니다. 1987년에는 안에 들어간 적도 있습니다. 그 당시 아이누 유골은 파란 플라스틱 케이스에 담겨 있었습니다. 불교 승려인 제 눈에도 정중하게 안치된 '유골'이 아니라 표본이 보존된 창고로 밖에 보이지 않았습니다. 납골당을 방문한 며칠 후, 히다카에 가서 고령의 아이누로부터 유골 발굴에 대한 기억을 들었습니다. 기네우스 마을의 노인이 젊은 시절인 1930년 무렵 마을 무덤에서 유골이 발굴되는 현장을 보러 갔을 때의 증언이었습니다.

"내가 17살 때, 홋카이도대학의 한 교수가 파헤쳐 갔어. 사망한 지 3~6년 정도밖에 안 된 새 유골이었지. 기나(시신을 감싸는 명석)도 꽉 여미어져 있고, 살점도 붙어있는 상태로 양철통에 넣어서 뚜껑도 단단히 닫혀 있었지……".

유골 발굴이라고 하지만 '도굴'이라 불러 마땅한 이상한 일이었음이 드러났습니다. 그때, 마을에는 '페우탄케'(위급함을 알리는 아이누의 외침)가 울려 퍼졌다고 합니다.

류키치 장로가 지금처럼 유골 반환 청구 재판에 나선 계기는 막 점심을 마친 2008년 1월 오후, "오가와 씨가 찾던 아이누 유골 장부로 보이는 것을 찾았어요."라고 걸려 온 홋카이도대학 의학부 학생의 전화였습니다. 그로부터 7일 뒤, 이치카와 모리히로(市川守弘) 변호사 사무실을 통해 홋카이도대학에 정보공개 요청이 시작되었습니다. 홋카이도대학은 얼버무리며 문서를 공개하지 않았습니다. 여러 차례에 걸쳐 계속 청구 문서를 보낸 끝에 겨우 문서를 입수할 수 있었고, 문서 해독을 추진하기 위해 시미즈 유지(清水裕二) 씨와 제가 대표가 되어 결성한 것이 '홋카이도대학 개시(開示)문서 연구회'

입니다.

2012년 2월, 눈이 내리는 가운데 유키치 장로와 함께 기네우스 마을에서 태어난 조노구치 유리(城野ロユリ) 할머니가 홋카이도대학에 가 총장과의 면담을 요청했습니다. 하지만 홋카이도대학은 입구에 4명의 경호원을 세우고 거부했습니다. 홋카이도대학의 처사에 화가 난 두 사람은 그해 9월 유골 반환을 요구하며 소송을 제기했습니다. 홋카이도대학이 보관 중인 유골 가운데는 류키치 장로의 선조인 오가와 가이이치로(小川海一郎) 씨의 유골도 포함되어 있었습니다.

유리 할머니는 어머니가 돌아가시기 두 달 전, 갑작스레 다음과 같이 잊을 수 없는 말을 들었다고 합니다.

"선조들에게 죄송한 마음이다. 홋카이도대학 병원 의사들이 말도 없이 우리 할아버지와 할머니, 아버지와 어머니의 무덤을 파헤쳐 간 후 웅덩이만 남게 된 것이 한탄스럽다. 너도 봤으니 기억하겠지? 유리, 난 언제 어떻게 되든 상관없지만 조상들 곁으로 갔을 때, '뭐야! 너는 그때까지 세상에 있으면서 뭐하다 왔어! 조상들의 유골을 마을로 되돌려 놓지 못했잖아?'라고 혼나게 될 생각을 하니 죽어서도 눈을 감을 수 없어. 유리야, 부탁이니 홋카이도대학에 있는 우리 조상의 유골을 기네우스 마을로 돌려놓길 바란다. 꼭 노력해다오."

(유골 반환 청구재판 의견 진술서 중에서)

재판은 3년 반에 걸쳐 진행되었습니다. 화해가 성립되기 전 해인 2015년 3월, 유리 할머니는 유골 반환을 보지 못한 채 세상을 떠났습니다. 누나의 장례를 마치고 돌아온 동생 야마자키 요시오(山崎

良雄) 씨가 유리 할머니의 유지를 이어 재판에 참가했습니다. 2016년 3월, 법원의 중재로 화해가 성립되어 7월에 홋카이도대학이 영구차로 12구의 유골을 85년 만에 기네우스 마을에 반환했습니다. 그때, 홋카이도대학의 사죄는 없었습니다. 유골을 받은 아이누는 엄숙히 '가무이노미(신에게 드리는 기도)'를 행하고 아이누 묘지에 재매장했습니다.

역사학자 에모리 스스무(榎森進) 씨는 "유골 반환은 아이누 역사상 처음으로 아이누가 이긴 사례"라고 평가했습니다. 그 후, 우라호로, 몬베쓰(紋別), 아사히가와(旭川)에서도 제소가 이어졌고, 화해를 통해 유골 반환이 실현되었습니다.

메이지(明治) 시대를 맞이하기 전까지 에조가시마(蝦夷島)의 마쓰마에번(松前藩) 영토였던 '마쓰마에 지역(일본인 지역)' 북쪽은 아이누 민족이 살아온 대지였습니다. 아이누는 자신들이 사는 대지를 '아이누 모시리(인간의 고요한 대지)'라 부르며, 촌락을 거점으로 수렵, 어로를 하면서 다양한 생산활동을 영위했습니다. 아이누가 생활하던 마을에는 자신들의 행정권과 사법권이 있었고, 아이누 종교를 믿으며 자치적인 생활이 영위되었습니다. 마쓰마에번이나 현장 청부업자와의 교역도 행해졌습니다. 대외적으로는 마쓰마에번과 지배와 피지배 관계에 있고, 현장 청부업자로부터의 강제 노동 등 다양한 어려움을 겪고 있었습니다만, 촌락 내에서에는 아이누의 자치권이나 자기결정권이 행사되고 있었습니다. 촌락의 생업 공간인 '이오루'에서는 수렵이나 어로, 농경이나 들풀 채취 등이 촌락의 의사에 따라 행해지는 아이누의 자유가 남아 있었습니다.

아이누가 일방적으로 자유를 빼앗기고 희생을 강요당한 것은 일

아이누의 권리란 무엇인가

본이 근대를 맞이하고 나서였습니다. 메이지 정부는 천황을 정점으로 하는 일본이라는 갓 성립된 국민국가에 에조가시마를 편입하여 홋카이도로 개명한 후 식민지로 삼고, 아이누의 호적을 만들어 일본인화를 꾀했습니다. 이때부터 아이누 민족의 고난의 역사가 시작되었습니다. 아이누가 사용하던 토지를 무주지로 간주하여 몰수하고, 수렵권, 어로권도 일방적으로 박탈되었습니다. 또한, 동화 정책이 강요되면서 아이누 문화는 부정되었습니다. 일본 본토(內地)에서 이주해 온 대부분의 일본인(와진, 和人)들은 아이누를 차별하여 아이누는 긍지를 가지고 살 수 없었으며, 차별과 빈곤 속에서 살아갈 수밖에 없었습니다. 아이누는 '멸망해 가는 민족'으로 여겨졌고, 유골은 호기심 어린 인류학자들의 연구 대상으로 전락하였습니다. 아이누 유골과 부장품의 도굴, 매수, 대학으로의 반입은 이렇게 이루어진 것입니다. 이런 상황은 아시아·태평양 전쟁 이후에도 계속되었습니다.

그러나 아이누는 '멸망해 가는 민족'이 아니었습니다. 자긍심 높은 아이누의 선조들은 권력이나 일본인들의 차별과 억압에 저항하며 투쟁했습니다. 훌륭한 장로나 할머니가 아이누 문화를 체현하고 역사에 이름을 남겼습니다. 촌락으로서의 자치권은 파괴되었지만, 각지에서 아이누 집단은 유지되어왔습니다. 그러나 식민 지배자들의 압도적인 우위는 계속되었습니다.

2007년, 〈UN 선주민족 권리선언〉*이 채택되었습니다. 이듬해 일

---

* 원문의 제목은 United Nations Declaration on the Rights of Indigenous Peoples이며, 일본어 번역어인 '先住民族'은 문자 그대로 '먼저 살던 민족'을 뜻한다. 이

본 국회에서 〈아이누 민족을 선주민족으로 인정할 것을 요구하는 결의〉가 만장일치로 가결됨으로써 아이누 선주권을 둘러싼 새로운 시대가 열렸습니다. 그해, 오가와 류키치 장로가 홋카이도대학에 아이누 유골에 관한 문서 공개를 청구하고, 선주권 행사로서의 유골 반환을 위한 투쟁을 시작한 것은 우연이 아닙니다.

2019년, 일본 정부는 〈아이누 사람들의 긍지가 존중받는 사회를 실현하기 위한 시책 추진에 관한 법률〉을 제정하였고, 다음 해인 2020년에는 '민족 공생 상징공간(우포포이)'이 개관되었습니다. 이제부터 아이누가 끊임없이 요구해 온 선주권은 어떻게 되는 걸까요? 바로 그것이 이 책을 통해 독자들에게 전하고 싶은 주제입니다.

일본인인 저는 홋카이도 이주민의 후손으로서 억압하는 자의 편에 서서 살아왔습니다. 유골 문제는 일본이라는 국가와 일본인의 문제라는 아이누의 목소리를 진지하게 받아들여야 합니다.

본서는 홋카이도대학 개시문서 연구회 멤버이자 호주 출신 역사학자인 테사 모리스 스즈키 씨의 논고를 제1부(Ⅰ)로 하고, 제2부(Ⅱ)에서는 아이누 사람들의 목소리를 들어 온 이치카와 모리히로

표현은 아이누 민족이 일본이 '아이누 모시리(아이누의 대지)'를 식민지화하기 이전부터 존재했던 민족이라는 점을 암시한다. 그러나 이 용어는 다음과 같은 두 가지 해석상의 위험성을 내포한다. 첫째, '선주'라는 표현은 아이누민족을 '이미 멸망한 민족', 즉 '현재는 존재하지 않는 민족'으로 오해하게 만들 수 있다. 둘째, '먼저'라는 표현이 '언제부터인지'를 비가시화시킴으로써, 아이누민족도 여러 선주민족 중 하나일 뿐 아이누 모시리의 원래 주인이 아니라는 식의 왜곡된 해석을 가능하게 한다. 더욱이 선주의 원어인 'indigenous'라는 말은 어원상 '그 땅에서 태어난'이라는 의미로, 상대적으로 시간보다는 토지, 즉 공간성에 중점을 둔 개념이다. 따라서 indigenous peoples는 '토착민족', indigenous rights는 '토착권'으로 번역하는 것이 타당할 것으로 생각된다. 그럼에도 불구하고, 본서에서는 일본적 맥락을 고려하여 '선주민족' 및 '선주권'이라는 용어를 그대로 두었다.

아이누의 권리란 무엇인가

씨의 논고를 통해 진정한 선주권이란 무엇인가를 생각해 봅니다. 일본 사회가 아이누 선주권이라는 과제를 공유함으로써 서로 다른 사람들이 함께 살아가는, 진정으로 풍요로운 공생 사회로 나아가기를 기원해 마지않습니다.

홋카이도대학 개시문서 연구회(開示文書研究会) 공동대표
도노히라 요시히코(殿平善彦)

목차

들어가는 말 / 5

I. 〈아이누 신법〉과 일본 정부 ─────────────── 17

제1장 연출된 민족 공생   테사 모리스 스즈키(Tessa Morris-Suzuki) 19
    이해를 구하며 아이누는 춤을 춘다   19
    결여된 집단적 권리   22
    정부가 구상한 디자인   26
    실패한 대표의 임명   30
    허공에 뜬 지역의 목소리   33
    계획에 따라다니는 그림자   36
    약탈된 유골의 행방   39
    동의 없는 DNA연구   42
    상징공간을 넘어서   46

제2장 세계의 선주민족과 아이누   테사 모리스 스즈키(Tessa Morris-Suzuki) 57
    유골은 말한다   57
    신중히 듣는다는 것   60
    의견 교환은 충분히 이루어졌는가   63
    '권리'를 위한 것이 아니라, '관리'를 위한 법률   68
    관광 자원화에 맞서   70

제3장 '공생의 올림픽'과 선주권 테사 모리스 스즈키(Tessa Morris-Suzuki) 73
'함께 노래하자'라는 비전 73
아이누의 역사와 일본 국가 75
쟁점이 된 유골 80
올림픽·패럴림픽을 넘어 81

Ⅱ. 선주권과 아이누 민족 ─────────────── 87

제1장 아이누의 자랑을 가슴에 89
구즈노 쓰기오(葛野次雄)·나라키 기미코(楢木貴美子)·사시마 마사키(差間正樹)
i 아버지가 아들에게 물려주다 89
ii 사할린 아이누의 '전후' 104
iii 선주민족으로서 살아가기 113

제2장 아이누 선주권의 본질 이치카와 모리히로(市川守宏) 123
UN 선언을 지침으로 123
행정 시책을 위한 '아이누 신법' 125
유골을 둘러싼 신법의 문제점 127
'지역 환원' 방침의 속임수 131
아이누 선주권의 주체는 고탄 136
집단의 권리와 개인의 권리 138
어떠한 연어잡이인가? 141
선주권 논의야말로 필요 143

'인간답게 살 권리'의 회복을 위하여 - 맺음말 시미즈 유지(清水裕二) 145

자료 ———————————————— **153**

- 관련 연표 155
- UN 선주민족 권리선언 · 국회결의 160
- 아이누 시책 추진법(〈아이누 신법〉) · 부대 결의 178

I
〈아이누 신법〉과 일본 정부

제1장

연출된 민족 공생

테사 모리스 스즈키(Tessa Morris-Suzuki)

이해를 구하며 아이누는 춤을 춘다

2018년 5월 14일 일본 정부의 아이누정책추진회의는 아베 정권이 2020년까지 제정을 희망하는 〈아이누 사람들의 긍지가 존중받는 사회를 실현하기 위한 시책 추진에 관한 법률〉(이른바 '아이누 신법(新法)')의 주된 특징을 정리하여 보고서를 제출하였습니다.[1] 이 법률은 선주민족의 권리에 관한 국제적인 접근이 변용되는 가운데, 당연히 장기간에 걸쳐 축적된 논의, 항의, 입법상의 변화 등을 근거로 할 것이라 여겨졌습니다. 일본은 2007년의 〈UN 선주민족 권리선언〉(UNDRIP)의 채택에 찬성표를 던진 전체 144개국 중 하나입니다. 이 선주민족의 권리선언은 (다른 여러 가지 권리 중에서) 선주민족의 전통적인 생활을 뒷받침해 주었던 토지나 자원에 대한 권리를 승인하고 과거에 지배국가가 선주민족에게서 강탈한 문화재, 유골, 부장품 등의 반환, 배상, 그리고 권리의 복원을 촉구하는 것입니다.[2]

1 〈아이누 신법〉과 일본 정부

이 선언에 응하여 일본의 중의원, 참의원 양원은 2008년 아이누 민족을 선주민족으로서 인지하는 것을 만장일치로 (늦었긴 하지만) 결의하고, 정부는 아이누 정책의 미래에 대하여 10년간에 걸친 심의 과정에 착수하였습니다. 이 심의의 주된 성과로서 2019년에 성립한 것이 〈아이누 사람들의 긍지가 존중받는 사회를 실현하기 위한 시책 추진에 관한 법률〉, 이른바 '아이누 신법'입니다.

그러나 이 신법이라는 것이 과연 UN 선언에 대한 일본의 약속을 얼마만큼이나 충족시킬 수 있었을까요? 새로운 법률은 정말로 식민지주의에 의한 선주민족의 배제로부터 민족 간의 평등, 존엄, 그리고 '그들 자신의 필요성과 이익에 따라 발전'(UN 선언)하기 위한 권리를 탈환하는 데 큰 힘이 될 수 있는 것일까요? 선주권의 중요한 측면에 대하여 아이누 사회에서 활발하게 전개되고 있는 논의, 그 가운데서도 일본 정부의 의도와는 다른 입장의 목소리를 포함한 논의는 법안 심의 과정에서 고려되어 온 것일까요?[3]

이러한 의문에 답하기 위해서는 과거 약 30년 동안에 선주권 획득을 위해 일본 국내에서 거쳐 온 과정을 조금 더 구체적으로 검토할 필요가 있습니다.

1997년 일본 정부는 그때까지 약 1세기에 걸쳐 아이누 민족을 옥죄어 온, 동화정책의 색이 강한 〈홋카이도 구토인(旧土人) 보호법〉을 드디어 폐지하고 새로이 〈아이누 문화의 진흥과 아이누의 전통 등에 관한 지식의 보급 및 계발에 관한 법률〉('아이누문화진흥법')을 성립시켰습니다. 이 개혁은 10년 이상에 걸친 아이누 관련 단체들의 항의와 활동의 성과로서 이루어진 것입니다.

1984년 사단법인 홋카이도우타리협회(현재는 명칭을 변경하여 공익사

제1장 연출된 민족 공생

단법인 홋카이도아이누협회)가 촉구하여 지방 차원에서 심의가 시작된 '아이누 민족에 관한 법률(안)'(84년 신법안)에서는 그것이 만약 성립된다면 아이누가 국가나 지방의 의회에서 일정한 의석을 보유하고 아이누 문화와 언어의 전승, 전통적인 어업이나 산림자원의 이용관리권을 얻는 것 외에도 경제적 자립의 유지를 위하여 '아이누민족 자립 문화 기금'의 창설 등이 실현될 예정이었습니다.[4] 그러나 1997년에 일본의 국회에서 성립된 〈아이누문화진흥법〉은 그 명칭 그대로 상기한 84년 신법안에서 제안한 내용의 극히 일부밖에 충족되지 않은 '문화법'이 되어버렸습니다. 이 진흥법에서는 아이누의 전통문화(아이누어의 교육, 목각이나 직물, 자수 등의 기술 전승을 포함함)에 대한 자금 원조를 승인, 제공한다고 정하고 그것을 위한 자금 관리단체로서 문부과학성과 홋카이도개발국 관할하에 아이누 문화에 관한 연구의 장려와 활동 추진을 담당하는 재단 '아이누문화진흥·연구추진 기구'가 창설되었습니다.

이것을 '좋은 방향으로의 첫걸음'이라고 생각했던 사람들도 곧바로 이 새로운 법률의 한계를 알고 실망했습니다. 아이누 활동가인 다하라 료코(田原良子) 씨는 다음 코멘트에서와 같이 희망과 실망이 뒤섞인 감정을 이야기하고 있습니다.

"우리들 아이누 민족은 **빼앗긴 권리를 돌려받고 싶다**는 생각에 여러 가지 요청을 했던 것입니다. 결국에는 문화진흥만을 담은 법률이 되고 말았지만, 그래도 아이누 민족을 인정한 새로운 법률의 첫걸음으로서 매우 의의가 있고 작성하신 분들도 대단히 수고가 많으셨으리라 생각됩니다. (중략) 우리들은 이 새로운 법률이 아이누를 위한 법률일 것이라고 생각하고 있었습니다. 이 법률이 만들어지면 아이누에게 큰 이점이 있을 것으로 기대하고 있었습니다. 교육이나 문화, 그리고 차별의 해소, 고용문제, 자립화 기금 등 여러 가지 사항을 요구했습니다. 그러나 완성된 법률은 아이누문화법이라고 불리는 법률입니다. 이 법률은 아이누만이 이용할 수 있는 법률이 아닙니다. 오히려 아이누가 아닌 사람들에게 이점이 있습니다. 예를 들어 조성사업은 아이누의 연구나 문화 활동을 하는 단체나 개인이라면 누구나 신청할 수 있습니다. 또한 아이누 문화의 이해를 넓히기 위한 전시회를 개최하거나 아이누어 라디오 방송을 듣거나 할 수도 있습니다. 그리고 조성사업을 신청하면 무료로 아이누의 전통적인 고식무용을 감상할 수 있습니다. 우리들 아이누는 관객들이 보고 이해할 수 있도록 열심히 춤을 추어야 합니다."[5]

또한 아이누문화진흥·연구추진기구의 운영에서는 상급 임원의 대부분을 아이누가 아닌 일반 일본인들이 차지하고 있다는 사실도 우려되었습니다. 아이누의 참가가 다소 개선되었다고는 하나 이 상황은 현재까지 계속되고 있습니다.[6]

결여된 집단적 권리

UN 선언이 채택되어 일본 국회가 아이누를 선주민족으로 인지하고 나서 10년 동안에 아이누의 권리에 관한 새로운 활동이 펼쳐져 왔습니다. 홋카이도대학은 2008년에 홋카이도 아이누의 사회적 조건이나 입장에 관해 아이누 여론조사를 실시했는데 그 보고에서 강조된 것은 차별이나 사회적으로 불리한 상황이 여전히 진행 중이라는 지적이었습니다.

그런데 이 조사보고서에서는 홋카이도 아이누의 인구를 2만 3,782명이라고 보았습니다. 그러나 그것은 일본 정부가 '아이누 민족과 혈연관계에 있는 사람들 및 결혼이나 양자결연 등으로 아이누와 거주를 함께하는 사람들'로 대상자를 한정하여 실시한 공식조사에 의한 수치였습니다.[7] 이 수치는 일본의 아이누 민족 전체 인구에 대해 지나치게 낮은 수치입니다. 민족으로서의 정체성은 수많은 요소들이 얽혀있는 복합적인 문제입니다. 한편으론 아이누가 조상이라고 자각하고 있는 사람들 대부분은 현재도 계속되는 차별 때문에 자신이 아이누라고 공언할 수 없는 상황에 놓여있습니다(그러므로 지자체에서도 그들을 아이누라고 치지 않는다). 말하자면 홋카이도대학의 이 조사는 '자신이 아이누'라고 공표하고 있는 사람들에게서만 답변을 모은 것인데, 그럼에도 불구하고 '아이누인 것을 싫다고 느낀 점이 있는가?'라는 물음에 대해 '아이누에 대한 차별 경험 때문에'라고 답한 사람이 전체의 44.1%에 달했습니다. '당신에게 아이누인 것에 대해 자부심을 느끼게 해준 사람은 누구입니까?'라는 설문에 대해서 '아이누 외의 지인, 친구'라고 답한 사람은 2.2%에 불과했습니다.[8]

한편 '혈통'의 기준은 아이누가 조상이라고 알고 있는 경우에만 아이누 민족이라고 특정하는 것이어서 문제가 많습니다. 왜냐하면 아이누 가정에 양자로 맞아들인 아이누가 아닌 일반 일본인들도 적지 않기 때문입니다. 그들은 정부가 따지는 '혈통'의 기준을 충족하지 못하지만 각자의 지역사회에서 아이누로 간주되며 많은 경우 스스로도 아이누의 정체성을 가지고 생활하고 있습니다. 게다가(뒤에서 언급하듯이) 홋카이도에서 일본 각지로 이주한 아이누는 적어도 수천 명이나 존재하고 있고 사할린 아이누/ 엔치우나 크릴 아이누도 존재합니다. 이들은 아이누에 관한 문제로 논의할 때 종종 간과되어 왔습니다.

홋카이도에 거주하는 아이누만을 대상으로 실시된 홋카이도대학의 조사보고서에서는 아이누의 사회적 지위가 점차 향상되고 있다고 기술하는 한편, 온 세계의 많은 선주민족 사회가 경험하고 있는 것과 같은 불이익이 계속해서 존재한다고 지적하고 있습니다. 조사에 의하면 아이누 세대의 평균 연간 소득은 356만 엔으로 홋카이도 전체의 평균인 441만 엔, 전국 평균인 567만 엔을 크게 밑돌고 있습니다. 또한 일반적으로 저임금인 농림어업 부문에 종사하는 아이누가 인구대비 27.5%로 높은 비율을 차지하고 있습니다(홋카이도 전체에서는 7.4%).[9] 고교 졸업자 수는 증가추세에도 불구하고 여전히 전국 수준을 밑돌고 있습니다. 일본인 전체에서는 청년층의 약 50%가 대학에 다니고 있지만 2009년 현재 홋카이도 아이누의 해당 연령에서는 대학 재적자가 겨우 21%였습니다.

조사에 답한 30세 미만의 아이누의 50% 이상이 '대학 진학을 희망한다'고 기술하였으나 그것을 달성할 수 없는 이유로서 주로 '경제적 이유'를 들고 있었습니다.[10] 국가나 홋카이도 지자체에서는 1970년대부터 아이누 세대를 대상으로 하는 사회복지시책(교육장학금이나 주택개선을 위한 대여, 문화 진흥의 지원 등)에 폭넓게 임해 왔지만 이들 제도에 대한 예산은 근래 수년간 삭감되어 왔다고 보고서에서는 지적하고 있습니다. 아이누 민족을 위한 향후 시책으로 든 12개 항목 중 특히 기대하는 5개를 선택하는 설문에서는 '아이누 민족에 대하여 고교, 대학 진학이나 학력 향상을 위한 지원을 확충한다'(51%)라는 답변이 가장 많았으며 이어서 '아이누 민족에 대한 차별이 일어나지 않는 인권 존중 사회를 만든다'(50%), '아이누 민족의 고용 대책을 확충한다'(43%), '아이누어, 아이누 문화 등을 학교 교육에 도입한다'(33%) 등이 상위를 차지했습니다.[11]

지난번 교토대학의 헌법학자인 사토 코지(佐藤幸治) 씨를 좌장으로 한 '아이누 정책 방식에 관한 전문가간담회'(아이누 회원은 겨우 1명)가 창설되었습니다. 2009년의 간담회 보고서에서는 아이누 민족이 토지, 자원, 언어, 문화적 전통을 빼앗겨온 긴 역사에 대해서 기술하고 있기는 하지만 이러한 역사와 '마주해야 할' 필요성을 강조하고 있을 뿐, 지배해 온 국가 측의 정식 사죄 또는 보상에 대해서는 언급하고 있지 않습니다. 또한 아이누 문화나 역사에 대한 국민의 이해를 향상시키기 위한 새로운 시책을 제안하고, 전통적 문화의 보호와 전승을 위한 요소로서 천연자원에 대한 접근의 중요성을 강조했음에도 불구하고 이 보고서의 제안은 아이누의 생활 중에서도 문화에 초점을 맞춘 시책에 머물고 있었습니다.

우에무라 히데아키(上村英明) 씨나 제프리 게이먼(Jeffry Gayman)씨가 강조하고 있듯이 2009년의 전문가간담회 보고서의 아이누 민족의 권리에 대한 접근법은 '공공의 복지에 반하지 않는 한' 개개의 시민이 자신의 삶의 방식을 선택할 수 있는 권리를 이미 일본국헌법 제13조가 보장하고 있으며 여기에는 아이누 개인도 포함된다는 논의에 의존하고 있습니다. 여기서 이 보장이 개인의 권리 문제라고 하

1 〈아이누 신법〉과 일본 정부

는 특수한 '일본적 접근법'의 기초로서 제시된 것입니다. 이 '개인의 권리'를 따지는 개념적 근거야말로 결정적으로 큰 문제가 됩니다. 집단적 권리는 〈UN 선주민족 권리선언〉의 중심적인 인식임에도 불구하고 그 집단적 권리에 관련된 명시적인 인식이 완전히 결여되어 버렸기 때문입니다.[12]

이 '일본형 선주권 모델'에 근거하여 작성된 2009년의 보고서에서는 구체적인 시책으로서 '많은 사람들이 모여 아이누 문화에 대한 깊은 이해와 경험'을 얻을 수 있는 '민족 공생 상징공간(Symbolic Space for Ethnic Harmony)' 시설의 설립을 제안했습니다.[13] 그리고 보고서에서는 이 '상징공간'에 대해서 '우리나라가 미래를 향해 선주민족의 존엄을 존중하고 차별이 없는 다양하고 풍요로운 문화를 갖는 활력 넘치는 사회를 구축하기 위한 상징으로서 의미를 지니는 것이다'라고 정리하고 있습니다.[14]

정부가 구상한 디자인

2009년의 '아이누 정책 방식에 관한 전문가 간담회'의 보고서가 그 후로부터 또 8년에 걸친 아이누 정책의 심의를 위한 출발점이 되었습니다. 그동안 '민족 공생 상징공간'이라고 명명되어 실태가 불분명했던 것이 모든 의미에 있어서 구체화되었습니다. 일본 정부에 의한 정책 심의는 주로 2010년에 설립된 14명으로 구성된 '아이누정책추진회의'와 그 관할하에 2011년에 설립된 10명으로 구성된 '아이누정책추진작업부회'에 의해 실시가 되고 있습니다. 두 심의

제1장 연출된 민족 공생

기관 모두 몇몇 아이누 위원이 참가하고 있지만 둘 다 구성원의 대부분은 아이누가 아닌 일반 일본인이고, 아이누정책추진회의의 좌장을 내각관방장관이, 좌장 대리를 내각부부대신 등이 맡고 있으며 작업부회장도 아이누 사람이 아닌 일반 일본인입니다.[15] 또한 사무국으로서 제도의 여러 가지 측면에 관한 자료나 리포트를 작성하고 있는 것은 일본 정부의 관료들이었습니다.

 이들 심의기관이 그때까지 무시되고 있었던 홋카이도 외에 거주하는 아이누들의 존재를 인식하고 있는 점은 긍정적으로 평가할 수 있습니다. 아이누정책추진회의에는 간토우타리회 회장이 위원으로 참가하고 그 소위원회는 규슈나 오키나와를 포함한 전국(홋카이도를 제외한) 153세대의 아이누를 대상으로 처음으로 실태조사를 실시하였습니다. 홋카이도 외의 아이누 인구가 분명치 않아 추출된 대상자가 전체를 대표하고 있다고 말하기는 힘들지만 그래도 이 조사는 홋카이도 내의 아이누를 대상으로 한 홋카이도대학의 조사와 마찬가지로 홋카이도 외의 아이누도 또한 사회적 불이익을 느끼고 있다는 사실을 밝혀냈습니다.[16]

 한편 이 심의기관의 부정적인 측면으로서는 두드러지게 복잡한 심의 과정 탓에 아이누 사회 전체의 우려를 구체적으로 건져내어 반영시키는 유효한 정책을 취할 수 없었다는 점을 지적할 수 있습니다(후술). '상징공간에 관한 작업부회'는 2011년에서 12년에 걸쳐 '상징공간'의 개요 계획을 작성하였습니다. 소위원회와 정부 직원이 그것을 더 수정, 개정하여 상세한 마스터플랜과 건축설계서가 2016년 아이누정책추진회의에 의해 채택되었습니다.[17] '상징공간'은 시라오이 지구(白老町)에서 가까운 포로토고탄에 있는 구 아이누민족박물

I 〈아이누 신법〉과 일본 정부

국립아이누민족박물관(2023년 8월 옮긴이 촬영)

관(1960년대에 개관, 2018년 3월에 폐쇄) 부지 내에 건설됩니다. 국립아이누민족박물관, 국립민족공생공원, 위령시설(후술)이라는 3개의 주된 요소로 구성되어 2020년 4월 개관이 계획되었습니다. 보고서 자체가 되풀이해서 강조하고 있듯이 이것은 2020년에 예정되어 있었던 도쿄올림픽 개최에 맞춘 타이밍의 개관 계획이었습니다.

'상징공간'의 디자인은 그야말로 올림픽의 이미지와 겹치는 드라마틱한 모더니즘 건축을 상기시키는 것으로 네 개의 거대한 콘크리트 건축물이 포로토 호수 주변에 배치되었습니다. 중앙에는 철근콘크리트로 세워진 아이누민족박물관이 우뚝 솟아 있는 한편, 소박한 아이누식 가옥들은 부지 내의 별도의 구역에 군집하듯 설치됩니다. 그 서쪽 면에는 일반객들이 전통적인 아이누 문화 이벤트를 관

제1장 연출된 민족 공생

아이누 문화 체험 교류 홀(2023년 8월 옮긴이 촬영)

람하고 체험할 수 있는 2개의 '체험 홀'이 설치되고 동쪽 면에는 견고한 콘크리트 입방체에 아이누식 모티브로 장식된 오벨리스크 양식의 위령비가 함께 설치됩니다. 나아가 '상징공간'에는 일본어의 공식 명칭에 더해 공모로 선발된 아이누어의 닉네임 '우포포이(Upopoy)'(여럿이서 노래하다는 뜻)가 붙여지게 됩니다.

공식성명에서는 '상징공간'에는 연간 100만 명의 입장객이 예상된다고 되풀이 강조되고 있습니다. 개설 목적은 '아이누의 역사, 문화 등에 관한 국민 각층의 폭넓은 이해 촉진의 거점 및 미래를 향해 아이누 문화의 계승과 새로운 아이누 문화의 창조 발전으로 이어가기 위해서'라고 기술됩니다.[18]

이들 시설은 모두 일본 정부의 관리하에 놓여집니다. 국립 아이

1 〈아이누 신법〉과 일본 정부

누민족박물관을 담당하는 것은 문화청(문부과학성)이고, 국립 민족공생공원과 위령 시설 전체의 책임을 맡는 것은 국토교통성이며 거기에 두 기관 사이에 문화연수나 교류, 홍보 등의 역할들이 분담되어 있습니다.[19] '상징공간'의 일상적인 운영은 아이누문화진흥·연구추진기구와 시라오이(白老)·아이누민족박물관의 구체제가 통합되어 새롭게 설립된 '공익재단법인 아이누민족문화재단'에 위임됩니다. 또한 발표 시에 위원이 정해져 있지 않은 관리위원회도 있습니다.[20]

여기서 한 가지 유의하지 않으면 안 되는 점이 있습니다. 그것은 1960년대에 현지 커뮤니티에 의해서 창립된 구 시라오이·아이누민족박물관은 어느 정도 유연한 규정하에서 현지 아이누 민족에 의해서 운영되고 있었지만, 새로 재건된 국립 아이누민족박물관은 일본 정부의 관리를 받게 된다는 사실입니다. 보다 엄격한 정부의 감독하에 놓일 것으로 예상됩니다.[21] 주요 건물의 건설을 위한 공개 입찰은 2018년 4월에 실시되었습니다.[22]

실패한 대표의 임명

'상징공간'의 설계를 낳은 복잡한 과정 중 두드러진 특징은 일본 각지의 정부 기관이나 비아이누 공공문화기관으로부터는 많은 의견을 채용하면서, 정작 중요한 아이누들의 의견은 한정된 숫자밖에는 수용되고 있지 않다는 점이라고 할 수 있습니다. 2012년부터 2017년 사이에 작성된 '상징공간'에 관한 주요 보고서 중 3건은 문부과학성과 국토교통성에 의해 설립된 '상징공간'의 전체 관리를 담당하는 위원회에 의해 작성되었습니다. 다른 4건은 양 기관에 의해 직접 작성되었습니다. 아이누 민족의 위원은 전자의 보고서에 의견을 구신하고 있지만 위원회의 구성원 명단에 반복해서 이름이 나오는 5, 6명의 아이누를 제외하면 다른 아이누는 거의 등장하지 않았습니다. 주목할 점은 보고서에 가장 빈번하게 등장하는 것은 3명으로, 모두 '공익사단법인 홋카이도아이누협회'의 상급 임원입니다.[23] 1946년 이래 몇 번인가 명칭을 바꾸며 존재해 왔던 이 협회는 공적으로 '최대의 단일 아이누 단체'라고 여겨지며 사회복지나 장학금 지원 등의 중요한 지원이 아이누 사람들에게 잘 보급되도록 배분 기능을 다해왔습니다. 그러나 2016년도의 회원수는 약 2,300명에 지나지 않습니다.

말하자면 아이누 인구(일본 정부의 공식 발표에서도 홋카이도 내에서만 2만 3,782명)의 80%에서 90%의 사람들이 홋카이도 아이누협회의 방침에 아무런 의견도 제공하지 못한다는 결과가 됩니다. 그러므로 이 협회는 아이누 전체의 이익 대표단체라고는 도저히 주장할 수 없으며 아이누 사회 전체의 실질적인 대표단체는 존재하지 않는다는 것이 실상이라 할 수 있겠습니다. 그런데 정부 심의회에서는 내부에서 선출된 소수의 아이누협회 대표자를 마치 아이누 사회 전체의 이익 대표자인냥 여기고 있으며, 여기에도 큰 문제가 존재합니다. 그러나 이것은 결코 새로운 현상은 아닙니다. 적어도 정부 계열의 아이누문화진흥·연구추진기구가 설립된 1997년 이래 계속된 문제였던 것입니다. 어떤 연구자는 다음과 같이 말하고 있습니다.

"문부과학성은 아이누의 대표를 공정하게 임명하는 일에 실패했습니다. 결정권의 대부분이 홋카이도 아이누협회 대표를 겸직하고 있는 일부의 홋카이도 엘리트 유지들에게 위임되고 있다는 상황이 밝혀짐으로써 각지에서 긴장이 고조되었습니다."[24]

아이누정책추진회의의 작업부회가 보다 광역에 거주하는 아이누와 협의를 시작한 것은 이 부회가 2016년에 구체적인 종합기본계획을 완성한 뒤부터였습니다. 2017년 12월부터 3개월 간에 걸쳐 계속된 '아이누정책 재구축에 관련한 지역설명회'에는 홋카이도 각지 거주 286명의 아이누 민족이 출석했다고 되어있습니다. 밀실에서 실시되고 또한 소규모로 희석된 과정에도 불구하고 이들 지역설명회에서는 활발한 논의가 이루어져 아이누 정책의 미래에 대한 폭넓은 시사점들이 제공되었다고 합니다. 참가한 아이누들이 제기한 주된 의견은

1. 선주민족으로서의 아이누의 사회적 입장을 법률로 명기할 것.
2. 아이누에게 국유지에서 활동할 권리를 부여할 것.
3. 전통적인 어업권의 부흥, 전통적인 생활 습관 창출의 장을 홋카이도 각지에 창설할 것.
4. 자율적인 경제사회활동의 지원.
5. 과거에 인류학자나 고고학자들에 의해 약탈된 상태로 있는 아이누 유골의 반환.

등입니다.

또한 학교에 있어서 아이누어와 문화의 교육에 관한 건, 아이누의 아동이나 젊은이들의 교육을 촉진하기 위한 강력한 조치, 아이

누의 농업, 어업, 임업 활동에 대한 재정적 지원 시책을 개선하는 일, 고령자를 위한 복지 향상, 아이누의 정책 논의에 있어서 젠더의 균형이나 지역 간의 균형을 도모하는 일 등의 요구도 있었습니다. 아이누에 대한 수탈의 긴 역사와 관련하여 일본 정부의 정식 사죄를 요구하는 목소리도 높았습니다.[25]

허공에 뜬 지역의 목소리

그런데 이러한 지역설명회의 과정이 종료되고 2개월 후에 아이누정책추진회의가 채택한 적업부회 보고서에서는 이러한 제안의 대부분에 대하여 검토조차 되지 않았다는 사실이 명백했습니다. 전체 11쪽으로 구성된 이 보고서에서는 앞에서 3분의 2까지 '상징공간'의 계획이 상세하게 기술되어 있습니다. 이른바 '아이누 신법'의 개설이 기술되는 것은 마지막 부분의 겨우 3페이지뿐입니다. 보고서에서는 이 지역설명회 과정이 아이누 사회의 다양한 의견을 수용하기 위한 것이라고 기술되어 있지만 그 위상에 맞지 않는 쪽수 분량입니다.

그리고 아이누 정책의 향후 방침은 '종래의 복지정책의 일부에서 지역진흥, 산업진흥, 국제교류 등을 포함한 폭넓은 대처'가 될 것이라고 하였습니다.[26] 보고서의 내용이 '상징공간'에 압도적으로 집중하고 있는 점을 감안할 때 '산업진흥'이 어떠한 의미를 갖는다고 한다면 그것은 주로 관광산업을 가리키고 있다는 것은 문맥상 분명합니다. 그리고 보고서에서는 의견 청취에서 나온 제안은 '상징공간'의 제안과 더불어 검토해야 하며 '가장 효과적이고 그 실현 가능성이 높은 방책이 실시되도록' '아이누 신법'의 입법 검토를 가속해야 한다고 기술하고 있습니다.[27]

환언하면 지역설명회에서 참가자들이 요구한 국가로부터의 공식 사죄, 국유지에서 활동하는 권리, 어업권/수렵권의 회복, 아이누 자치 기금, 혹은 고령자를 위한 복지의 확대 등의 요구를 정부 심의회는 '효과적이고 실현 가능성이 높은 방책'으로 보고 있지는 않다는 것이었습니다. 이것들은 '실현 곤란'한 부류로 취급되어 '상징공간'과 그것에 관련한 소수의 문화관광사업만이 보다 '효과적이고 실현 가능성이 높은' 것으로 채택되었습니다.

실제로 이 보고서의 내용에는 매우 흥미로운 모순이 존재합니다. 최종적으로 어느 제안을 실현해야 하는가를 결정하는 것은 일본 정부이기 때문에 '실현 가능성이 높다'라는 기준으로 무엇을 포함하고 무엇을 제외할지 결정하는 거의 무한대의 권력을 가진 것은 다름 아닌 정부라는 사실입니다.

보고서에서는 마지막에 신치토세(新千歲)공항에서 민간기업과의 협력하에 (연기된, 혹은 중단될지도 모를) 2020년 도쿄올림픽 개회식이나 '상징공간'의 개관을 즈음하여 아이누 공예 등을 전시하는 계획 등 몇 가지를 제안했습니다. '상징공간'의 개관과 관련한 아이누 문화의 프로모션 비디오를 제작하고 학교의 교과서에 아이누에 관한 새로운 자료를 포함하도록 검토하는 것도 약속되었습니다.[28] 그러나 아이누의 역사와 사회에 대한 교과서 기술이 어떤 내용이 될 것인지는 명확하지 않은 상태였습니다. 문부과학성의 기술 검정을 받으면서 교과서를 발행하고 있는 8개의 출판사 중 1개 출판사는 최근 중학교의 윤리 과목의 커리큘럼 내에서 아이누 전통문화의 게재 범위를 확대했지만, 나머지 출판사들의 교과서에서는 기존 내용과 별반 변화가 없습니다.29

아이누정책추진회의의 2018년 보고서는 아이누의 관광산업이 활발한 지역의 일부 유력 아이누들에게는 환영을 받았습니다. 그러나 다른 아이누로부터의 반응은 오히려 부정적인 것이었습니다. 예를 들면 오비히로(帯広)에서 아이누 민족문화연구그룹을 이끌고 있는 사사무라 리쓰코(笹村律子) 씨는 '아이누 문화를 지역 조성에 적극적으로 활용해 주었으면 좋겠다'고 하면서도 고령 아이누를 위한 복지에 관해서 보고서가 '(비아이누가 다수파를 차지하는) 국민의 이해를 구하는 것이 어렵다'며 법률화하지 않는 것에 대해서 '차별로 인해 빈곤에 빠져 지원이 필요해진 역사도 다시 살펴봐 주었으면 좋겠다'고 언급하고 있습니다.30

더 엄한 비판도 제기되었습니다. 아이누와 비아이누 모두를 포함한 시민그룹 '아이누정책검토시민회의'는 스가 요시히데(菅義偉) 내각관방장관에 대해서 정권이 추진하고 있는 신법안에 항의했습니다. 이 그룹은 이른바 '아이누 신법'의 진행 방식에 대해 '정부 주도하에 본래 자기결정권을 가져야 할 아이누 민족을 대등하게 취급하지 않고, 일방적으로 의견청취를 하는 등 식민지주의적이며 UNDRIP을 짓밟는 것이라고 해도 과언이 아니다'31라고 지적하고 있습니다. 이 시민회의는 『세계 표준의 선주민족 정책을 실현하자!』라는 제목의 독자적인 중간리포트를 만들었는데, 거기에는 몇 가지의 대체 정책 제안이 포함되어 있습니다(후술).

| Ⅰ 〈아이누 신법〉과 일본 정부

계획에 따라다니는 그림자

일본의 일반 시민이나 해외로부터의 방문자들이 아이누의 역사와 문화에 대해 이해를 넓히는 중요성에 대해 이론을 제기하는 사람은 거의 없을 것입니다. '민족 공생 상징공간'은 그것에 공헌할 뿐만이 아니라 아이누의 고용 기회를 만들고 전통적인 문화 지식을 차세대에게 전달하는 기회가 될 수 있습니다. 그러한 의미에서 이 구상이 아이누, 비아이누 양쪽에서 환영받는 것은 놀라운 일이 아닙니다. 그러나 한편으로는 여러 가지 입장의 아이누 사람들이 이 구상에 대하여 다양한 비판들을 표명했습니다. 그 비판들은 광범위한 논의의 결여로 인한 아이누 민족의 불만, 더불어 선주권에 관한 새로운 정책 채용 때문에 시작된 일련의 과정들이 정부의 지배에 의한 문화관광계획으로 변하고 만 것처럼 보이는 우려들을 전개하고 있습니다.

우선, '민족 공생 상징공간'이라는 명칭 자체가 의문의 출발점입니다. 이 공간이 상징하는 '민족 공생'이 과연 '숭고한 희망'인 것인지, 아니면 단지 '위안을 얻었다고 느끼게 만드는 착각'에 불과한 것인지?

다시 말해, 이 '상징공간'은 아이누의 문화, 역사, 전통의 아름다움과 풍요로움을 전시하는 데 그치지 않고, 식민지화, 약탈, 차별 등 과거의 불의 또한 드러내고 장래에는 민족적 화해를 실현해 가기 위해 이러한 부정적 유산을 극복한다는 진지한 구상의 발판이 될 수 있는 것인가?

아니면 이 '상징공간'은 마치 민족적 화해가 이미 이루어졌거나,

제1장 연출된 민족 공생

심지어 실제로는 고대부터 공존해 왔다는 식의 메시지를 통해 '허울뿐인 다문화주의(cosmetic multiculturalism)'의 이미지를 관람객들에게 심어주려는 것은 아닌가? 또한 '민족 공생'이라는 명칭에 관해서는 일본에 현존하는 다양한 민족 집단을 생각할 때 류큐인, 재일한국인 등 다른 소수 민족과 아이누와의 관계를 어떤 식으로 표현할 생각인가 라는 의문도 남습니다. 예를 들어 과연 국립아이누민족박물관은 아시아태평양전쟁 중에 홋카이도의 노동 거점(인부 합숙소)에서 탈주한 조선인강제노동자들을 도와준 아이누의 일화에 대해 전하려 할까요?32

앞으로의 전시에 대해서 국립아이누민족박물관은 단일부동(單一不動)의 '아이누 문화'를 전시하는 것이 아니라 과거에서 현재로 '아이누 문화'를 이어나가는 노력을 하겠다고 주장하고 있습니다. 박물관의 계획에 따르면 최신의 AR(확장현실)기술이 도입되어 '우리들의 언어' '우리들의 세계(신앙)' '우리들의 생활' '우리들의 역사' '우리들의 일' '우리들의 교류'라는 6개의 주요 전시 공간이 마련될 예정입니다. '우리들의 역사'에서는 태고 석기시대에서 현대에 이르기까지의 스토리를 전시하는 한편 '우리들의 일'에서는 '전통문화가 변화하면서도 현재까지 계승되고 있다'는 내용이 전시됩니다.33

현재의 아이누 문화에 대해서는 아이누민족음악과 다른 음악과의 컬래버레이션이나 인기가 많은 만화 시리즈 『골든 카무이』(작자는 비아이누)와 같은 아이누 전통의 중요한 요소를 다룬 창조적인 작품을 소개하면서 새로운 미디어를 통해서 전통적인 아이누 문화를 재현하는 방법을 강조할 것으로 생각됩니다.

그러나 아이누에 대한 이해와 존중을 심화시키기 위해서는 가시

Ⅰ 〈아이누 신법〉과 일본 정부

적인 '선주민족적' '문화적' 방법만이 중요한 것은 결코 아닙니다. 민족적 자부심과 정체성은 당연히 아이누 사람들의 마음속에 존재하고 있습니다. 이 자부심과 정체성에 대한 이해야말로 비아이누인 일본인은 물론이고 아이누로서의 긍지를 가지고 회사에서 근무하는 아이누, 학교와 대학의 교단에 서는 아이누, 병원에서 환자를 돌보는 아이누, TV 뉴스에 출연하는 아이누, 지자체나 중앙정부의 의회에서 활약하는 아이누, 공장에서 일하는 아이누 등 다양한 아이누와 만나는 기회를 가능하게 하는 것입니다.

'상징공간'은 장래적인 전망으로서 이러한 이해를 향한 기나긴 도정의 작은 첫 걸음이 될 수 있을까요? 그러나 현시점에서의 계획은 반대로 아이누 민족의 정체성에 대한 인식이 일상생활과는 동떨어진 전통적 혹은 신전통적인 문화에 집중된 경향이 있습니다. 환언하면 구경거리와 오락의 시공간에 의해서 극히 편중된 정체성의 제시가 되어버릴 위험성을 내포하고 있습니다.

더욱이 중요한 과제로서 아이누의 역사 기술 문제가 있습니다. 이것은 '상징공간' 내의 전시 및 교과서 개정의 쌍방에서 대처해야 할 과제입니다.

'상징공간'의 입장객들이나 새로운 교과서에서 아이누의 역사를 접하는 젊은이들은 일본의 식민자들에 의한 토지 수탈로 아이누의 마을들이 빼앗기고 메마르고 교통편이 열악한 토지로 강제이주를 당한 아이누의 역사나, 수렵과 어업이라는 생업이 금지되었다는 사실들을 상기할 수 있을까요? 혹은 거주지가 일본에서 러시아 영토가 된 1875년에 홋카이도로 강제이주 당한 삿포로 교외의 쓰이시카리(対雁)에서 처음 겪는 불편한 환경 속에서 힘든 생활을 하고 천연두

38

제1장 연출된 민족 공생

나 홍역, 콜레라 등의 유행으로 목숨을 잃어간 수많은 사할린 아이누/ 엔치우들의 이야기를 접할 수가 있을까요?[34](러시아와 일본 간에 국경선이 새로 그어질 때마다 반복적으로 이주를 강요당한 아이누들 중 홋카이도로 이주한 사할린과 크릴 제도의 아이누에 대해서 현재까지 아이누정책추진회의에서는 아무런 언급이 없다. 이들 아이누의 대부분은 제2차 세계대전 말 토지가 다시 러시아령이 되었을 때 홋카이도로 이주하였다). 혹은 19세기에서 20세기 초엽에 걸쳐 국내외의 국제박람회에 '전시물'로 보내기 위해 모집된 아이누들의 이야기를 만날 수 있을까요?[35]

그리고 새로운 국립아이누민족박물관에서 소개되는 역사는 '반환된' 아이누 인골을 수장할 예정인 위령 시설과 어떤 식으로 관련되는 것일까요? 이 유골군은 19세기, 20세기 초엽에서 중엽에 걸쳐서 고이 잠들고 있었던 묘소로부터 약탈하듯이 연구자나 수집가들의 손에 의해서 국내외 대학이나 박물관에 무단으로 옮겨졌습니다. 이 유골들을 '상징공간'에 다시 모아 위령하기 위해 세워진 기념물의 배경에 놓여있는 역사에 대해 과연 접할 수 있을까요?[36] 해외 기관에도 아직 많은 아이누들의 유골이 보유된 채로 남아 있습니다.[37]

약탈된 유골의 행방

'상징공간' 건설계획 중 특히 이 위령 시설을 둘러싸고 아이누의 커뮤니티 사이에서 격렬한 논쟁이 일어났습니다. 신아이누 정책이 한창 책정되고 있었을 때 과거에 연구자들에 의해 공동묘지로부터 무허가로 약탈된 조상의 유골 반환을 요구하며, 우라카와 지구(浦河

1 〈아이누 신법〉과 일본 정부

町)를 비롯한 홋카이도 각지의 작은 도시에 거주하는 아이누 단체(이 중에는 유골의 도굴 현장을 기억하고 있는 사람들도 있다)들이 홋카이도대학 등의 대학 기관을 상대로 투쟁을 이어가고 있었습니다. 소송이 제기되고 2016년 3월, 최종적으로 화해가 성립하여 12명의 유골을 우라카와(浦河) 근교의 기나우스(杵臼)에 반환하는 데 처음으로 성공합니다. 이 성과는 이어서 2017년에 우라호로(浦幌), 몬베쓰(紋別), 기나우스(杵臼)의 각 커뮤니티로의 유골 반환의 길을 여는데 도움이 되었습니다.

이 투쟁에서 중심적인 역할을 다해온 작은 단체 '고탄의 모임'의 구성원들의 활동에는 약탈된 선조들의 유골이 원래 매장된 장소에서 되도록 가까운 고향의 흙으로 돌아간다는 아이누의 전통에 입각한 의미가 있었습니다. 완벽하게 '전통적'인 의식을 행하는 것은 힘들지만 고탄의 모임의 구성원들은 아이누의 습관에 따라 선조의 유골에 대해 가능한 한 경의를 표하고 사자를 재매장하는 노력을 기울이고 있습니다. 고탄의 모임에게 있어서 아이누의 유골이 국토교통성에서 관리하는 '관광시설'안의 위령시설로 용납할 수 없는 일이었습니다. 그것은 진정한 '반환'이 아니라 단순히 사자의 유골을 어떤 낯선 장소에서 또 하나의 낯선 장소로 이동시키는 일에 불구한 것입니다.[38] 사할린 아이누의 후예들도 선조들의 유골 반환 전망에 대해 우려를 품고 2018년 6월에 '엔치우 유족회'를 설립했습니다.[39]

2018년 5월에 공표된 아이누정책추진회의작업부회의 보고서에서는 박물관이나 대학에 대하여 유족이나 지역단체가 반환 청구를 할 수 있도록 아이누 유골에 관한 정보를 되도록 신속히 공개할 것

제1장 연출된 민족 공생

"상징공간"의 위령 시설로서 설치된 묘소와 기념비(2023년 8월 옮긴이 촬영)

을 호소했습니다. 그런데 유골 반환까지 청구자가 넘어서야 할 조건들이 만들어져, 6개월 이내에 반환 청구가 없는 유골, 또는 즉시 지역단체로 반환할 수 없는 유골들은 '상징공간' 내 위령 시설에 수용한다고 되어 있습니다. 이 6개월이라는 시간제한은 해외 경험을 근거로 한 수준으로 보아도 완전히 비현실적인 것이었습니다. 외국 여러 나라들의 선주민족의 유골 반환을 둘러싼 장기간에 걸친 투쟁의 성과를 보면 유골을 각각 가장 가까운 존재인 집단에게 반환되어야 한다고 결론지어졌습니다. 국가가 관리하는 위령 시설에 수용되는 것은 유골의 발굴지가 불분명한 경우에 한한다는 생각이 보편화되고 있습니다[40](12 대학에 보관되어 있었던 아이누 유골 중 9개 대학의 유골이 2019년 12월에 '상징공간'의 위령 시설로 집약되었습니다).

41

유골 반환은 대단히 복합적인 과정이며 고통과 함께 여러 상반되는 감정들로 가득 차 있습니다. 이 과정은 관공서가 정한 시간제한 등에 제약을 받아서는 마땅히 안 되는 것입니다. 유골의 근친자나 원래 소유자를 특정하여 정중한 의식을 치루는 것은 매우 힘이 드는 작업입니다. 하와이에서 선주민족 유골 반환 운동에 종사하고 있는 에드워드 하레아로하 아야우(Edward Halealoha Ayau) 씨와 체로키 활동가 아너 킬러(Honor Keeler) 씨의 말을 빌리자면 '인간의 신체가 생명을 잃고 인간임을 상실하여 누군가의 소유물이 되기까지 어느 정도의 시간이 걸리는지 과연 누군가가 정할 수 있는 문제가 아니기'[41] 때문입니다.

마찬가지로 고탄의 모임 대표 시미즈 유지(清水裕二) 씨(아이누정책검토시민회의 간사도 맡고 있다)는 아이누의 유골을 묘지에서 약탈한 박물관이나 대학 기관에 대해 사죄를 요구하고 있습니다. 시미즈 씨는 또한 이들 유골을 아이누의 전통에 가능한 한 가까운 의식에 의해 원래 장소에 매장하도록 정부에 요구하는 활동을 하고 있습니다.[42]

동의 없는 DNA연구

아이누정책추진회의의 2018년 보고서에는 또 하나 유골 반환을 요구하는 아이누들에게 특별한 불안감을 불러일으키는 기술이 있습니다. 상세한 내용이 명확하게 책정되어 있지 않은 시스템하에서 사전에 승낙을 얻는 과정만 밟는다면 연구자들은 여전히 자신의 개인적인 연구 프로젝트를 위해 '상징공간'의 위령 시설에 집약되는

아이누 유골에 접근할 수 있는 여지를 남긴 것입니다.[43]

여기에서도 유골 반환 과정과 마찬가지로 유족이나 유골의 원래 소유자의 특정이 중요한 초점이 되고 있습니다. 현재 많은 국제기관이나 각국 정부는 설령 그 집락의 자손이 존명하거나 혹은 타계하고 있어도 사전에 학술 연구에 앞서, 또는 연구 도중에 그 방향성을 결정하는 데 있어 여러 민족그룹과 반드시 거쳐야 할 협의에 관한 명확한 규칙이 있습니다. 예를 들면 유네스코의 국제생명윤리위원회에 의한 1996년의 보고서와 UN 인권위원회에 의한 1998년의 문서에서는 선주민족의 인구에 관한 인간 게놈 연구에 있어서 다음과 같이 강조하고 있습니다.

"(각국 정부의 승인은) 공식/비공식의 지도자, 그룹 대표자, 또는 신뢰할 수 있는 중개인을 통해 얻는 어떤 경우라 할지라도 이러한 연구를 위해 선발된 개인/현지 단체로부터 동의가 필요하다. 동의는 각각의 단체의 사회적 구조, 가치관, 규칙, 목표, 희망 등을 고려하여 가장 적절한 인물로부터 얻을 필요가 있다"[44]

이 문맥에서 말하는 동의란 한 번만 얻으면 되는 것이 아니라 계속적인 과정이 됩니다. 2003년에 미국 자연인류학회에 의해서 채택된 윤리규정은 이렇게 제시하고 있습니다.

"사전동의(informed consent)의 과정은 기능적인 동시에 계속적인 것임이 양해되어 있다. 그 과정은 프로젝트 설계의 시점에서 시작되어 연구 대상의 사람들과의 대화와 교섭을 통해서 실시 단계까지 계속되어야 한다."[45]

1 〈아이누 신법〉과 일본 정부

　일본에서는 현재 일본인류학회, 홋카이도아이누협회, 일본고고학협회, 문부과학성이 선주민족의 유골이나 부장품의 연구 방법에 대해 협의를 실시하고 있습니다(일본인류학회, 일본고고학협회, 일본문화인류학회, 홋카이도아이누협회는 〈아이누 민족에 관한 연구 윤리 지침안〉을 작성하고 2019년 12월에 의견 공모 절차를 실시하였다).

　시민 그룹 측은 예를 들면 무로란(室蘭)공업대학의 마루야마 히로시(丸山博) 명예교수는 '아이누 연구는 도굴 등의 부당 행위하에서 성립해 온 역사가 있다. 이번 지침에서는 연구자들의 가해의 역사에 대해 외면하고 있다'고 비판하고 있습니다. 또한 고탄의 모임 회장인 시미즈 유지 씨도 '반성이라는 말이 지침안 안에 있지만 먼저 사죄해야 한다. 그리고 당사자를 포함시켜 윤리 지침을 다시 작성해 주기를 희망한다'고 말하고 있습니다(NHK 뉴스, 2020년 2월 7일).

　한편 일본인 학자에 의해 아이누 민족 115명의 인골을 사용한 DNA검사의 결과를 실은 논문이 미국 자연인류학회의 공식 기관지에 게재되었습니다. 여기에서 사용된 아이누의 유골은 삿포로(札幌)의과대학과 다테시(伊達市) 훈카완(噴火湾)문화연구소에 보관되어 있었던 것이었습니다. 연구자들은 10년 이상 이전의 연구 프로젝트 개시 때에 홋카이도아이누협회의 단 한 번의 승낙을 얻어 이 연구를 실시하고 있었습니다.

　이에 관여한 인류학자는 연구에 이용한 모든 유골의 출처가 명백함에도 불구하고 출처가 되는 현지 아이누 커뮤니티의 의견을 구하려고 하지 않았습니다. 이 논문의 연구 성과에 경악한 일부 아이누는 2017년 2월 우려를 표명했습니다.[46] 그 다음 달에 아이누 측의 우려에 대응하는 일 없이 연구자들은 논문을 미국 자연인류학회지

44

에 윤리규정이나 동의의 조건도 모두 통과했다고 신고한 뒤 제출하고 그 후 2018년 1월에 논문이 게재되었습니다.[47] 같은 해 5월에는 연구 방법에 항의하는 공개질문장이 아이누 단체 구성원과 그 지지자들에 의해 연구자의 소속기관에 송부되었습니다.[48] 이것이 이른바 '아이누 신법' 하에 추구되는 '아이누 인골, 부장품에 관한 조사 연구의 방식'을 나타내는 것이라고 한다면 우려할 만한 충분한 근거가 있습니다.

DNA연구를 위해서 아이누 인골이 현지 아이누의 동의 없이 사용되고 있었다는 사실에 대한 항의를 포함해 앞서 언급한 시민 그룹 '아이누정책검토시민회의'는 아이누 민족의 자연 자원에 대한 권리 등을 회복하기 위한 정책을 이른바 '아이누 신법'에 담도록 제안했습니다. 부정유용 및 수탈된 자산의 보상, 사할린 엔치우와 크릴 아이누의 역사와 권리의 승인, 홋카이도 내에서 아이누어를 공용어화(일본어와 함께 등록서류 등에 사용되는 언어)하는 법률입니다.[49] 예를 들어 시민회의의 구성원으로 몬베츠(紋別) 아이누협회 회장인 하타케야마 사토시(畠山敏) 씨는 일본 정부가 강한 국제적 비판에도 불구하고 '조사 포경'을 계속하는 권리를 주장하는 한편 국제법이 허가하고 있는 선주민족에 의한 포경 습관을 계속하는 권리를 아이누 민족에 대해서는 결코 인정하려 하지 않는다는 아이러니를 강조하고 있습니다.[50] 또한 시민회의의 간사이면서 사할린 아이누협회 회장인 다자와 마모루(田澤守) 씨는 여러 차례 강제 이주를 강요 당해온 사할린 아이누의 복잡한 역사를 위해서 사할린 아이누(엔치우)가 자신들의 계보를 증명하는 것은 대단히 어려운 일이며 그 때문에 아이누 인구의 일람에서 완전히 제외되고 있다는 사실을 지적했습니다. 다자와 씨

I 〈아이누 신법〉과 일본 정부

는 UN 선언하에서 사할린 아이누(엔치우)에게도 다른 선주민족과 동등한 권리가 있음을 강조하고 일본 정부에 이와 같이 인식하도록 촉구하고 있습니다.[51]

시민회의는 또한 과거에 아이누 민족의 어업조합이 소유하고 있었던 공유재산이 메이지(明治)정부의 동화정책의 일환으로 부당하게 국가 관리하에 놓이게 된 문제가 장기간 방치되고 있었던 사실을 들어 이들 아이누의 공유재산의 반환도 요구하고 있습니다.[52] 그러나 일본 정부는 이러한 반대 의견에 귀를 기울이는 자세를 보이지 않았습니다.

이는 '상징공간' 계획에서 어떤 단체의 의견이 대표되는지, 그리고 아이누의 역사와 사회 그 자체가 '상징공간'에서 어떻게 표현되는지를 둘 다 포함하여, '표상'에 관한 중요한 의문을 제기한 것이었습니다.

이러한 문제는 새로운 국립아이누민족박물관과 '상징공간' 전체의 운영을 관할하는 정부의 영향력이(우리들이 보아온 바와 같이) 광범위하게 미치고 있다는 점에서 각별히 유의해야 합니다.

상징공간을 넘어서

저는 이 소논문의 제목 '연출된 민족 공생'을 완전히 부정적, 냉소적인 의미로 붙인 것은 결코 아닙니다. 연출은 중요한 역할을 합니다. 눈앞에서 실제로 연출되면 기분이나 생각이 그것을 따라가는 경우가 있습니다. 이 공간을 방문하여 풍요롭고 다양한 아이누 문

제1장 연출된 민족 공생

화를 배우고 경험함으로써 아이들은 이 '일본'이라고 불리는 시공간에 항상 존재해 왔던 문화적, 민족적 다양성에 대해 새로운 시점을 얻을 수 있을지도 모릅니다.

그러나 선주민족을 테마로 하는 관광업은 항상 양날의 칼인 것입니다. 선주민족 관광의 발전에 관한 2012년의 〈라라키아 선언〉의 한 문장에서는 '관광은 선주민족의 문화를 복원하고 보호하고, 촉진하는 최강의 원동력이 되지만 부적절하게 사용된 경우에는 그 문화를 소멸시키고 파괴할 가능성이 있다'고 지적하고 있습니다. 관광이 가져올 파괴적인 측면을 피하기 위해서 만들어진 라라키아 선언은 문화를 중심으로 한 관광업과 관련해서 선주민족에 의한 관리와 자치권의 중요성을 강조했습니다. '선주민족은 스스로 관광에 대한 참가의 정도와 성격, 조직구성을 결정하고, 정부나 다국간 기관은 선주민족의 자율권(empowerment)을 지원한다'고 기술되어 있습니다.[53]

민족 조화의 이름으로 실행되는 대규모의 상징적 건설 프로젝트에는 또 하나의 리스크가 있습니다. '상징공간'에 대해 비판적인 사람들이 언급하고 있는 것처럼, 눈에 보이는 이점이 아이누 사회의 극히 일부 밖에 미치지 않는 '아이누 시책'에 정부가 거액의 예산을 할애한다면 이 지출에서 직접적인 이익을 누릴 수 없는 아이누 사람들이 배제되고 만다는 점입니다.

아이누들은 일상생활 속에서 직면하는 문제 극복을 위한 지원을 실제로는 거의 받고 있지 않음에도 불구하고 일반 대중에게는 세금으로 쓰인 돈의 대부분이 아이누의 '특권'을 지탱하고 있다는 잘못된 인상을 조작합니다. 이러한 상황은 결과적으로 '소수자 우대'라는 사실과는 전혀 다른 주장을 펼치는 우파 세력의 백래시(backlash)에 절호의 구실을 제공하고 있습니다. 아이누 민족의 권리를 부정하려는 인종차별주의자들의 캠페인이 최근 빈번히 벌어지고 있습니다.

2016년에 일본 국회에서 제정된 '헤이트 스피치(hate speech) 대책법'은 외국 국적 주민만을 보호 대상으로 삼고 있을 뿐, 아이누처럼 일본 국적을 가진 선주민족 소수자의 인권은 보호하거나 보장하지 않고 있습니다.[54] 아이누 정책의 앞으로의 향방을 나타내는 정부의 공식성명에는 기존의 헤이트 스피치 대책법을 일본 국민이면서 선주민족인 사람들도 대상으로 하도록 개정하는 계획은 포함되어 있지 않은 것입니다. 덧붙이자면 이른바 '아이누 신법'에는 혐오·차별 등에 관한 정부로부터의 '권고'가 기술되어 있을 뿐, 벌칙 규정은 없습니다. '상징공간'이 가져올 사회적 영향은 단순히 '공간' 내에서 실시되는 전람회나 공연뿐만 아니라, 더욱 중요한 것은 아이누의 선주권, 문화, 정체성이 '상징공간' 밖에서 어떻게 변화하는가, 그리고 '상징공간' 내부에서 일어나는 일과 외부에서 일어나는 일이 어떤 식으로 관련되어 가는가라는 부분에 있습니다.

국가에 의한 문화관광사업이나 기념물 건립사업은 좋은 성과를 가져오는 면도 있겠지만, 그것으로 인해 잃어버린 '토지권'(land rights)과 '자원권'(resource rights)이 결코 회복되는 것은 아닙니다. 강탈당한 것을 되찾는 지원을 하는 것도 아니고, 정부의 무대에서 아이누의 목소리를 듣는 기회를 만들어내려고도 하지 않고, '상징공간'에 직접 관여하고 있지 않은 선주민족을 위한 교육이나 복지 면의 지원을 제공하는 것도 아닙니다. 문화관광사업이 선주민족을 위한 새로운 기회의 창출에 이어지도록 확실하고 성실한 노력을 계속하지 않고서는 긍정적인 결과는 달성할 수 없다고 말할 수밖에 없을 것입니다.

바꿔 말하자면 '상징공간'(과 그 주변에서 일어나는 문화적 이벤트) 자체는 선주민족의 권리를 구축하는 것이 아니며 아이누 정책의 대체가 되지도 않습니다. 과거 30년에 걸쳐 세계 각국에서 일어난 선주민족의 권리획득 운동 속에서 배운 교훈이 있다면, 그것은 몇 세기에 걸쳐 약탈된 것과 불의를 바로잡는 행위는 정부와 사회 전체의 커미트먼트(commitment)나 성실함, 지속성을 필요로 하는 길고도 험난한 과정이라는 점입니다. 토지나 자원의 권리에 관한 법률을 제정하기 위한 조치가 취해지고, 나아가 공적인 사죄가 이루어지고, 지자체를 촉구하여 격차를 시정하기 위한 기금이 창출된 뒤에도 선주민족 사람들의 생활 속에서 그 결과가 실감되기까지는 몇십 년 또는 몇 세대에 이르는 시간이 필요합니다. 실용 가능한 지름길이 있는 것도 아니고 신속한 해결 방법도 존재하지 않는 것입니다.

일본의 '민족 공생 상징공간'이 진정으로 불의를 시정하고 인식, 권리, 구제를 보장하기 위한 대화, 정책 입안, 법률이라는 기나긴 여정의 출발점으로 의도되어 있다면 그것은 올바른 방향을 향한 작은 첫걸음이 될 수 있습니다. 그러나 비아이누 연구자들이 연구 자료라는 명목으로 약탈한 유골에 계속 접근할 수 있는 형태의 '공간'이, 아이누 사람들과 지역사회로의 유골 반환을 저해하는 것이라면, 이는 자칫 오랜 시간 지속되어온 식민주의적 과학의 부정적 유산을 상징하게 될 우려가 있습니다.

또한, 이 공간이 완성됨으로써 마치 일본의 선주민족 문제가 해

Ⅰ 〈아이누 신법〉과 일본 정부

결되고, 민족 의 화해가 달성되었다는 식의 일종의 '승리 선언'이나 '종착점'으로 제시된다면, 그러한 표상과 연출은 결국 선주민족의 권리에 있어 심각한 후퇴와 장애가 될 수 있습니다.

감사의 말씀 : 이 논문의 초고에 의견을 주신 제프리 게이먼(Jeffry Gayman) 씨와 앤 엘리스 르웰렌(Ann-Elise Lewallen) 씨에게 감사드립니다.

저자 주 : 본고는 일본연구자를 대상으로 한 디지털 저널『재팬포커스』16권 21호(208년 11월 1일)에 "Performing Ethnic Harmony: The Japanese Government's Plans for a New Ainu Law"라는 제목으로 게재된 논문을 가필, 수정한 것입니다.

(일본어번역=도노히라 유코(殿平有子), 히라타 쓰요시(平田剛士), 제프리 게이먼(Jeffry Gayman))

〈주〉

1 아사히신문, 홋카이도신문(모두 2018년 5월 15일), 아이누정책추진회의 '제10회 아이누정책추진회의 정책추진작업부회보고' 2018년 5월 14일(2018년 5월 27일 접속).
2 〈UN 선주민족 권리선언〉 UN, 제네바, 2008년(2018년 5월 28일 접속).
3 〈UN 선주민족 권리선언〉 UN, p.2.
4 리처드 시덜(Richard Siddle)『인종, 저항, 일본의 아이누(원제 Race, Resistance and the Ainu of Japan) 라우틀리지, 런던/뉴욕, 1996년, p.184 참조.
5 다하라 료코(田原良子) '현장에서 본 아이누 신법의 문제점'『아이누 문화를 전승한다(가야노 시게루(萱野茂) 아이누문화강좌Ⅱ)』가야노 시게루 외, 소후칸(草風館), 도쿄, 1998년 pp.162-166(인용은 pp.163-164)
6 2010년 당시 아이누문화진흥연구추진기구의 이사 17명 중 아이누 민족은 10명, 그리고 18명의 평의원회 구성원 중 8명이 아이누이었다. 앤

제1장 연출된 민족 공생

   엘리스 르웰렌(Ann-Elise Lewallen) 『The Fabric of Indigeneity: Ainu Identitym, Gender, and Settler Colonialism in Japan』 뉴멕시코대학출판, 앨버커키, 뉴멕시코, 2016년, p.77 참조.
7 홋카이도대학 아이누·선주민족연구센터 『현대 아이누의 생활과 의식』 삿포로, 홋카이도대학 2010년, p.3(2018년 5월 26일 접속).
8 홋카이도대학 아이누·선주민족연구센터 『현대 아이누의 생활과 의식』 p.153.
9 홋카이도대학 아이누·선주민족연구센터 『현대 아이누의 생활과 의식』 pp.33-55.
10 홋카이도대학 아이누·선주민족연구센터 『현대 아이누의 생활과 의식』 pp.68-71.
11 홋카이도대학 아이누·선주민족연구센터 『현대 아이누의 생활과 의식』 p.170.
12 우에무라 히데아키(上村英明), 제프리 게이먼(Jeffry Gayman) '아이누 민족과 류큐 민족의 시점에서 일본헌법을 재고한다(원제 Rethinking Japan's Constitution fron the Perspective of the Ainu and Ryukyu Peoples)' 『아시아 퍼시픽 저널: 재팬퍼커스』 16권, 2018년 3월 1일 제5호(2018년 3월 30일 접속).
13 아이누 정책 방식에 관한 전문가간담회 '보고서' 2009년 7월, p.27.
14 아이누 정책 방식에 관한 전문가간담회 '보고서' p.27(저자에 의해 일본어 원문에 맞추어 영어번역을 조정했다).
15 임원에 관해서는 '아이누정책추진회의명부'와 '정책추진작업부회에 관하여'를 참조(2018년 5월 28일 접속).
16 아이누정책추진회의 '홋카이도 외 아이누의 생활실태조사' 작업부회 보고서, 2011년 6월(2018년 5월 28일 접속).
17 아이누정책추진회의 '〈민족 공생의 상징이 되는 공간〉 작업부회 보고서' 2011년 6월(2018년 5월 27일 접속).
18 아이누정책추진회의 웹사이트(2018년 5월 31일 접속).
19 아이누정책추진회의 '아이누정책추진회의 (제10회) 정책추진작업부회 보고' 《관련자료》(2018년 5월 28일 접속) p.2.
20 아이누정책추진회의 '제10회 아이누정책추진회의 정책추진작업부

회 보고' p.2.
21 구 시라오이(白老)아이누민족박물관은 '일반재단법인'으로 운영되어 있었던 데 대해 새로운 국립아이누민족박물관은 더욱 엄격하게 규제되는 '공인재단법인'으로 취급된다.
22 『건설통신신보』 2018년 4월 20일.
23 더 자세한 리포트와 임원 명부에 관해서는 아이누정책추진회의의 웹사이트를 참조.
24 앤 엘리스 르웰렌(Ann-Elise Lewallen) 『The Fabric of Indigeneity』 p.75.
25 아이누정책추진회의 '아이누정책추진회의(제10회) 정책추진작업부회 보고 관련자료' (2018년 5월 28일 접속) p.34.
26 아이누정책추진회의 '제10회 아이누정책추진회의 정책추진작업부회 보고' p.9.
27 아이누정책추진회의 '제10회 아이누정책추진회의 정책추진작업부회 보고' p.9.
28 아이누정책추진회의 '제10회 아이누정책추진회의 정책추진작업부회 보고' pp.10-11.
29 홋카이도신문(2018년 3월 28일)에 의하면 논의되고 있는 출판사는 교육출판의 중학교 3학년 윤리 교과서이며, 아이누의 전통에 의한 인간과 자연의 관계나 아이누 신앙에 있어서의 '카무이'의 콘셉트 등에 관해서 4쪽에 걸쳐 소개되고 있다.
30 홋카이도신문 2018년 5월 15일.
31 아이누정책검토시민회의 '현재의 아이누 정책의 진행 방식에 관한 의견서' 2018년 5월(2018년 6월 20일 접속). 홋카이도신문 2018년 5월 11일.
32 한 예로 석순희(石純姬) '근대기 조선인의 이주와 정주화의 형성 과정과 아이누 민족－아와지(淡路)・나루토(鳴戸)에서 히다카(日高)로의 이주에 관하여' 『아시아 퍼시픽 리뷰』 12호, 2015년, pp.17-26(특히 p.23) 참조.
33 아이누정책추진회의 '제10회 아이누정책추진회의 정책추진작업부회 보고' p.9.

제1장 연출된 민족 공생

34 사할린 아이누사연구회『쓰이시카리(対雁)의 비(碑) -사할린 아이누 강제이주의 역사』홋카이도출판기획센터, 삿포로, 1992년. 또한 다자와 마모루(田澤守) '계속 경시 당하는 엔치우' 아이누정책검토시민회의『세계 표준의 선주민족정책을 실현하자! 시민회의 중간리포트』삿포로, 2018년도 참조. 사할린 아이누는 자신들을 '엔치우'라고 부르는데, 이는 아이누어의 '아이누'와 마찬가지로 '인간'을 뜻한다.

35 한 예로 모리스 로우(Morris Low) '일본의 형질인류학: 아이누 민족과 일본인의 기원의 탐구(원제 Physical Anthropology in Japan: The Ainu and the Search of the Origins of the Japanese)' 『Current Anthropology』 53호, 2012년, pp.57-68, 특히 pp.60-61 참조.

36 우에무라 데쓰야(植村哲也)『학문의 폭력: 아이누 묘지는 왜 파헤쳐졌는가?』요코하마, 슌푸샤(春風社), 2008년.

37 NHK 뉴스, 2016년 3월 31일.

38 고탄의 모임 홋카이도대학 개시문서 연구회『85년만의 귀환/아이누 유골 기나우스(杵臼) 고탄으로』다큐멘터리영화, 감독 후지노 도모아키(藤野智明), 2017년. 시미즈 유지(清水裕二) '아이누 유골의 존엄 있는 반환을 위하여' 아이누정책검토시민회의『세계 표준의 선주민족정책을 실현하자! 시민회의 중간리포트』p.8. 시미즈 유지(清水裕二), 구즈노 쓰기오(葛野次雄)에 의한 프레젠테이션 '고향으로의 기나긴 여정: 아시아 태평양지역 최전선의 선주민족 유골 반환(원제 The Long journey Home: The Repatriation of Indigenous Remains across the Frontiers of Asia and the Pacific)' 호주국립대학, 캔버라, 2018년 5월 7일, 8일.

39 마이니치신문, 2018년 6월 4일.

40 예를 들어 미국에서 1990년에 성립한 연방법('선주민족의 묘지의 보호 및 반환에 관한 법률'=Native American and Graves Protection and Repatriation Act, 약자로 NAGPRA)에는 인골은 그 자손에게 반환되어야 하며 자손을 특정할 수 없는 경우는 토지를 빼앗긴 선주민족의 커뮤니티 또는 그 유골과 가장 문화적 접점이 있는 일정한 집단에게 반환되어야 한다고 기술되어 있다. 또한, 선주민족 권리 운동에 있어서 유골 반환이 중심적인 존재인 호주에서는 정부의 '선주민족 문화재 반환

에 관한 자문위원회'(위원 전원이 호주 선주민족 또는 트레스 해협 제도민)가 선주민족의 유골이 잠들고 있는 호주 국립 위령 시설에 관해서 2014년에 작성한 보고서에서 위령 시설은 반환되어야 할 유골 중에서도 '호주를 유래로' 하는 것 외에 아무런 정보가 없는 유골의 경우만 이용되어야 한다고 강조하고 있다. 그 외의 경우는 모두 원래의 커뮤니티에 반환되어야 하며, 커뮤니티 특정이 불가능한 경우는 그 지방에 있는 기관에게 반환지 특정을 위한 노력을 계속한다는 전제하에 위탁해야 한다고 되어있다. '선주민족의 묘지 보호 및 반환에 관한 법률'(2006년판) (2018년 6월 22일 접속). 호주 선주민족 문화재 반환에 관한 자문위원회 『국립 위령 시설에 관한 협의 보고서(원제 National Resting Place Consultation Report)』 캔버라, 2015년.

41 에드워드 하레아로하 아야우(Edward Halealoha Ayau), 아너 킬러(Honor Keeler) '불의, 인권, 학문의 만행에 관한 논평(원제 Injustice, Human Rights, and Intellectual Savagery: A Review)' H/Soz/Kult 『Kommunikation und Fachinformation für die Geschichtswissenschaften』 2017년 4월(2018년 6월 22일 접속).

42 시미즈 유지(淸水裕二) '아이누 유골의 존엄 있는 반환을 위하여'.

43 아이누정책추진회의 '제10회 아이누정책추진회의 정책추진작업부회 보고' pp.6-8.

44 UN 경제사회이사회, 인권이사회 '수준 설정을 위한 활동: 선주민족의 인권 수준의 발전－인간 게놈 다양성 연구와 선주민족(원제 Standard Setting Acticities: Evolution of Standards Concerning the Rights of Indigenous Peoples－Human Genome Diversity Research and Indigenous Peoples)' 1998년 6월 4일, p.11.

45 '미국자연인류학회의 윤리규정(원제 Code of Ethics of the American Association of Physical Anthropologists)' 2003년 4월 25일.

46 교도통신, 2017년 2월 26일.

47 아다치 노보루(安達登), 가쿠다 쓰네오(角田恒雄), 다카하시 료헤이(高橋遼平), 간자와 히데아키(神澤秀明), 시노다 켄이치(篠田謙一) '미토콘드리아DNA해석에 의한 아이누 민족의 기원(원제 Ethnic Derivation of the Ainu Inferred from Ancient Mitochondrial DNA Data)' 『미국

자연인류학회지』 165권 제1호, 2018년 1월 1일, pp.139-148.

48 2018년 5월 14일 발표된 시미즈 유지(清水裕二), 도노히라 요시히코(殿平善彦), 오가와 류키치(小川隆吉) 외에 의한 야마나시대학 및 국립과학박물관에 보낸 항의문(공개질문장) 참조. 항의문에서는 아이누의 커뮤니티 측의 고지에 근거한 동의를 얻지 않고 있는데다 논문의 저자들이 연구에 이용한 우라카와(浦河)의 유골 32구가 매장된 시대는 모두 에도(江戸) 시대라고 되어있지만, 이들 유골의 관련 자료에 의하면 매장은 근대 이후라고 기록되어 있다며 연구자들의 중대한 역설을 지적하고 있다. 같은 해 7월에 국립과학박물관과 야마나시대학이 질문장에 대해서 두 개의 별도의 답변-그러나 내용은 동일한-을 하였지만 매장 시기의 문제에 대해서는 언급하는 일이 없었다. 그 속에서 두 기관은 '본 연구는 UN의 〈UN 선주민족 권리선언〉을 근거로 2007년 시점에서 생각할 수 있는 선주민족의 의사를 존중한 형태로 진행한 것입니다. 그 후의 국가의 시책에도 부합하고 있다고 생각하고 있으며 기본적인 방침은 변경하지 않고 실시했습니다'라고 언급하고 있다. 이 자세는 1990년대에 UN 선언이 제시하고 2007년 이전부터 미국자연인류학회도 실시하고 있는 윤리적 접근법과 분명히 모순되고 있다. 질문장과 답변은 홋카이도대학 개시문서 연구회의 홈페이지에서 참조하기 바람(2018년 10월 24일 접속).

49 아이누정책검토시민회의『세계 표준의 선주민족정책을 실현하자!』참조.

50 하타케야마 사토시(畠山敏) '바다의 자원에 대한 권리' 아이누정책검토시민회의『세계 표준의 선주민족정책을 실현하자!』p.15.

51 다자와 마모루(田澤守) '계속 경시 당하는 엔치우' 아이누정책검토시민회의『세계 표준의 선주민족정책을 실현하자!』p,9.

52 이노우에 가쓰오(井上勝生), 요시다 쿠니히코(吉田邦彦) '미완의 아이누 민족 공유재산 문제' 아이누정책검토시민회의『세계 표준의 선주민족정책을 실현하자!』p,7.

53 '선주민족에 의한 관광사업 발전을 위한 라라키아 선언(원제 The Larrakia Declaration on the Development of Indigenous Tourism)' 2012년 3월(2018년 5월 25일 접속).

54 크레이그 마틴(Craig Martin) '올바른 균형을 잡는다: 일본, 미국, 캐나다의 반(反) 헤이트 스피치법(원제 Striking the Right Balance: Hate Speech Laws in Japan, the United States and Canada)' 『계간 헤이스팅스헌법 리뷰』 45권 3호, 2018년 봄호, p.455-532, p.468에서 발췌.

제2장
세계의 선주민족과 아이누

테사 모리스 스즈키(Tessa Morris-Suzuki)

유골은 말한다

2019년 2월, 〈아이누 사람들의 긍지가 존중받는 사회를 실현하기 위한 시책 추진에 관한 법률〉(소위 '아이누 신법')이 일본 국회에서 상정, 성립되었습니다. 이 법안에 아이누 민족이 선주민족이라는 것이 처음으로 명기되었습니다.

선주민족의 권리를 보장하는 것은 세계적으로 보아도 중요한 과제가 되어 있습니다. 그러나, 미사여구가 즐비한 이 법안에는 아이누민족을 선주민족으로 인정하면서도 왜인지 선주민족이 가져야할 '선주권' 전반에 관해서는 다루지 않고있어 국제적으로 볼 때 대단히 기묘한 법안입니다. '선주민족에게는 선주권이 부속된다'는 인식은 세계적으로 특히 여러 선진국에서는 공통된 인식입니다. 그렇기 때문에 선주민족과 선주권 이 두 가지는 분리될 수 없습니다.

I 〈아이누 신법〉과 일본 정부

　이 법안에 관한 논의는 일본의 미디어에서 거의 다루어지지 않았습니다. 해외 미디어에서 이 법안을 다루었다고 해도 이 법의 내용이나 배경에 대해서 이해 가능한 보도가 이루어졌다고는 말할 수 없습니다. 이 법률에 대한 의문점에 대해서는 나중에 검토하기로 하고, 해외에서 이루어지고 있는 '선주권' 획득을 둘러싼 사례를 검토하겠습니다.
　우선 선주민족의 '유골 반환'에 대해 검토해 보겠습니다. 왜냐하면 유골 반환 문제는 선주권 전체 중에서도 핵심적인 논점 중 하나이기 때문입니다.
　선주민족의 유골이나 유품이 세계각지에서 학문이라는 이름을 빌려 식민자 측의 고고학자나 인류학자들에 의해 선주민족 커뮤니티로부터 빼앗아 갔습니다. 그리고 박물관에 전시되거나 연구자료로 사용해왔습니다. 현재, 세계적으로는 유골을 빼앗아온 것이 제국주의적 식민지지배의 부정적인 유산의 하나로서 알려져 있습니다.
　제가 30년 가까이 소속되어있는 호주 국립대학(ANU)의 연구자들도 그 약탈의 역사에 가담하고 있습니다. ANU의 연구자가 '발견'한 것 중에는 호주 최고(最古)의 유골도 있습니다. 그 유골은 약 4만 2천 년 전에 호주 남동부 뉴사우스웨일스주의 멍고호(Mungo湖)에 매장되어있던 것으로 '멍고맨(Mungo Man)'으로 알려져 있습니다.
　1970년대, ANU의 연구자가 현지 선주민족(Aboriginal) 커뮤니티의 허가도 동의도 구하지 않고 발굴하여 대학 연구소로 가져왔습니다. 그 후, 현지 선주민족 커뮤니티가 유골반환 운동을 일으켰습니다. 우여곡절은 있었습니다만 멍고맨의 유골은 2017년 원래 거주지의 선주민족 커뮤니티에 반환되었습니다. 이 문제에 관해서는 '선주민족 방송국(NTV)'의 다큐멘터리 방송이 있습니다. 일본에서는 생각할 수 없는 일이지만 호주에는 이 NTV나 '소수자를 위한 방송국(SBS)' 등 국비로 운영되고 자주적인 편성으로 전국에 방영되는 공공방송국이 있습니다.

이 방송에서 제시된 중대한 요소에 주목했습니다. 하나는, 대학 당국이나 연구자들이 공식적으로 사죄하고 유골이 현지 커뮤니티에 반환된 것은 명확한 진전이었습니다만 그 일로 문제가 전면적으로 해결된 것은 아니라고 하는 점입니다. 왜냐하면 현지 커뮤니티는 반환된 유골을 어떻게 재매장해야할지 결정하지 못했기 때문입니다. 재매장 방법이나 의식에 관한 결정권을 갖는 것은 당연히 현지 커뮤니티입니다. 그리고 그러한 중대한 결정을 하는 것은 긴 시간을 필요로 합니다. 그렇기 때문에 반환된 멍고맨의 유골은 지금도 임시 장소에 안치된 상태로 있습니다.

또 하나는, 이 방송으로 고고학자 짐 바울러(JIM BOWLER) 교수가 지적한 점입니다. 빼앗긴 유골은 '우리' 비선주민족 호주인에 대해 '말을 하고' 있다는 인식이 중요하다고 했습니다. 그러면 무엇을 말하고 있을까요.

"당신들은 우리들의 땅에 대해 무엇을 하였는가."
"당신들은 우리 민족에 대해 무엇을 하였는가."
이것이 유골이 우리에게 말하는 내용입니다.

이 물음에 대해 비선주민족인 식민자들은 진지하게 해답을 탐색할 필요가 있습니다. 즉, 비선주민족은 과거에 무엇을 해왔는가라는, 비선주민족 쪽의 문제로서도 받아들이지 않으면 안 된다는 것입니다.

Ⅰ 〈아이누 신법〉과 일본 정부

　일본에서도 선주민족 아이누의 유골 반환은 큰 과제입니다. 잘 알려진바와 같이 2016년이 되어 처음으로 홋카이도대학에서 보관되고 있었던 아이누 유골의 일부가 선주민족 커뮤니티 사람들에게 되돌려졌습니다. 그 다음 해에도 유골반환이 되었습니다. 그 유골들도 마찬가지로 일본인에게 이렇게 말을 걸고 있을 것입니다.
　"당신들은 우리들의 땅에 대해 무엇을 하였는가."
　"당신은 우리 민족에 대해 무엇을 하였는가."
　선주민족 아이누에 관한 법률, (이른바 '아이누 신법')이 성립된 것도 하나의 역사적 절목(節目)이었습니다. 그러나 이 법 제정이 아이누의 역사를 확실히 듣고, 아이누 사람들의 목소리를 받아들여, 깊은 논의를 거쳐 이루어진 것이었는가에 대해서는 의문이 남습니다.
　호주나 캐나다에서 선주권 획득을 위해 이루어진 치열한 논의와 교훈을 되돌아보면, 식민지화된 선주민족의 말을 깊이 듣는다는 것의 중요성입니다. 식민지화된 선주민족의 목소리를 식민지화한 다수(majority)측 사람들이 듣고 이해하고 양해했을 때 비로서 '화해(和解)'든 '공생(共生)'이든 시작되는 것임을 우리는 확신할 수 있습니다.

신중히 듣는다는 것

　'듣는다'는 행위는 매우 중요합니다.
　호주의 선주민족인 애버리지니(Aboriginal) 사람들에게는, '도둑맞은 세대(STOLEN GENERATION)'라고 불리는 과제가 있습니다. 이것

제2장 세계의 선주민족과 아이누

은 주류 사회의 '동화'를 목표로 하여, 애버리지니 사람들의 아이들을 가족으로부터 분리시켜 교회나 기타 시설이 운영하는 기숙사 등에 강제로 입소시키는 정책에 따라 태어난 세대를 의미합니다. 놀라운 것은 이 정책이 1970년대까지 계속되었다는 점입니다. 이 정책의 오류를 깨닫고 정부가 조사위원회를 설치한 것은 1980년대입니다. 1997년에 조사위원회의 '도둑맞은 세대에 관한 보고서'가 연방의회에 제출되었습니다. 그 일부를 인용합니다.

> The past is very much with us today, in the continuing devastation of the lives of Indigenous Australians. That devastation cannot be addressed unless the whole community listens with an open heart and mind to the stories of what has happened in the past and, having listened and understood, commits itself to reconciliation.
> (과거는 오늘날에도 여전히 우리와 함께 있으며, 이는 호주 선주민족의 삶에 지속되는 파괴 속에서 드러난다. 그 파괴는 공동체 전체가 과거에 어떤 일이 있었는지를 이야기로 듣고, 열린 마음과 정신으로 그것을 이해하며, 들은 뒤에 화해를 위한 헌신을 하지 않는 한 해결될 수 없다.)

'듣는다'라는 행위는 단순하고 수동적인 것이라고 생각하는 사람도 있을 것입니다만 나는 그렇게는 생각하지 않습니다. '신중히 듣는 것' 이것은 시간을 요구하는 작업입니다. 용인될 수 있는 첫 번째 단계가 되는 것입니다. 그리고, 그것은 계속해서 불합리한 삶을 강요당해 온 선주민족의 '과거의 고통'의 이야기를 단지 듣는 것뿐만

1 〈아이누 신법〉과 일본 정부

아니라, 그들 자신의 '화해에 대한 제언' 그리고 미래에 대한 희망을 듣는 작업을 포함하는 것입니다.

호주에서는 이 '도둑맞은 세대에 관한 보고서'에 기초하여 많은 운동이 일어났습니다. 우파였던 당시의 존 하워드(John Howard) 수상은 "선의로 한 것이었다"고 애버리지니 사람들에 대한 사죄를 거부했지만, 2008년 노동당 정부가 재집권하면서 케빈 러드(Kevin Rudd) 수상이 연방의회에서 사죄를 하였습니다. 이것은 오랜 항의 운동의 성과였습니다.

감동적인 이때의 사죄는 지금도 유튜브에서 볼 수 있습니다.

(https://www.youtube.com/watch?v=aKWfiFp24rA)

연방의회에서 수상이 공식적으로 사죄한 것은 중요합니다. 그러나, 더욱 중요한 것은 러드 수상이 사죄 이전에, 두꺼운 보고서를 스스로 읽고, '도둑맞은 세대'의 대표자들과 만나 그 이야기를 듣고 사죄를 결단했다는 점입니다. 보고서의 제언에 따라 '도둑맞은 세대'를 지원하는 교육·주택·의료의 서포트 시스템을 선주민족 애버리지니 사람들에게 시행하며, 오스트레일리아에서는 '사죄의 날(Sorry Day)'이라는 기념일이 연방 차원에서 제정되어 있습니다. 하지만 여전히 과거의 부정의를 바로잡기 위한 대응은 결코 충분하다고는 할 수 없습니다. 보수 정권이 부활한 이후에는 더더욱 불충분한 상태가 되고 있습니다.

연방의회에서의 공식 사죄는 첫걸음에 지나지 않습니다. 과거의 부정의를 바로잡기 위한 싸움은 길고 긴 길입니다. 하지만 되돌아갈 수 없는 길이라고 나는 믿습니다.

제2장 세계의 선주민족과 아이누

의견 교환은 충분히 이루어졌는가

'듣는다'는 것의 중요성을 지적했습니다. 번복해서 일본 국회에서 성립된 이른바 '아이누 신법'에 대해 생각해봅시다.

아베 정권에 따르면 이 법률의 공식적인 목적은 '아이누 사람들의 긍지가 존중받는 사회를 실현하기 위한 시책 추진'이라고 합니다. 그렇다면 당연히, 아이누 사람들의 목소리와 의견을 먼저 듣고, '듣는' 것이 선행되어야 했을 것입니다. 하지만 이 법률이 만들어지는 과정에서 과연 얼마나 아이누 사람들의 목소리와 의견을 물었을까요.

정부가 설치한 '아이누 정책 추진 회의'의 보고에 따르면, 2017년 5월부터 2018년 사이에 36회의 설명회와 의견 교환회가 개최되었으며 연인원은 약 530명이라고 통계가 잡혀 있습니다. 정확한 아이누 인구의 통계는 없습니다만, 과거에 정부가 주장한 적이 있는 과소치로서의 '아이누 인구'의 약 2%가 '연인원'으로 참가했다고 추정됩니다. 물론 민족구성원 전원의 목소리와 의견을 '듣는' 것은 현실 문제로서 불가능하겠죠. 단 이 의견 교환회에는 보고를 읽을 나와 같은 외국인조차 이상하게 느낀 프로세스가 두드러집니다.

우선, '의견 교환'의 연속성에 관한 정보가 거의 없습니다. 자료에 따르면, 2017년 12월부터 2018년 3월 사이에 12회 열린 설명회에 연인원 286명이 참가했다는 기록만 있습니다. 그 외에 24회 개최되었다는 의견 교환회가 도대체 언제, 어디서, 누구에 의해 이루어졌는지는 전혀 쓰여 있지 않습니다.

선주민족으로서는 지극히 중요한 법안인데 그 설명회는 불과 약

4개월이라는 짧은 기간에 개최되었고, 게다가 한겨울에 눈에 갇혀 버리는 일이 허다한 계절에 단 12회로 아이누 사람들의 목소리와 의견을 '듣는' 것이 가능했을까라는 의문이 남습니다. 아이누 정책 추진 회의는 왜 그렇게 급하게 '의견 교환'을 하지 않으면 안 되었는지. '아이누 사람들이 존중받는 사회를 실현하기 위해'서라면 왜 좀 더 정중하게 당사자인 아이누 사람들의 목소리를 끌어내려고 하지 않았는지.

그 의문에 대한 대답은 아마도 "훗날 연기되고, 또 중지될지도 모를 2020년 개최 예정이었던 도쿄 올림픽이 있었기 때문일 것이다"라고 저는 생각합니다. 전 세계가 주목하는 국제행사 전에 어떻게든 억지로 맞춰 아이누에 관한 법률을 제정해 두고 싶었던 것이겠죠. 아이누 문화에 대한 존경이나 아이누의 권리와 2020년 도쿄올림픽 개최는 도대체 어떠한 논리적인 관계성이 존재하는지 저로서는 이해 불가능합니다.

아마도, 겉치레에 불과한 다문화주의의 모습을 국제적으로 보여주려 했기 때문에 짧은 기간에 불충분한 '의견 교환'이 되었던 것이겠지만 그 자리에서 제시된 아이누 사람들의 목소리와 의견이 새로운 법안에 얼마나 반영되었는가 라는 또 하나의 큰 문제가 있습니다.

'의견 교환회'에서의 실제 제안이나 요구의 구체적인 내용은 공표되지 않았고, 그 개요만이 리스트업되어 있습니다. 아이누 정책 추진 회의의 발표에 따르면, 법률에 관련해서 아이누 사람들이 설명회에서 제안·희망·요구한 것 중에는 다음의 중요한 항목들이 포함되어 있었습니다.

- 국유지 자원의 이용과 강(川)에서의 연어 어업권 설정
- 전통적인 선주민족 포획구역의 실시
- 홋카이도 우타리(ウタリ)협정의 아이누 신법안에 담긴 아이누 자립기금의 실현
- 특별 의원석 부여
- 아이누어 교육을 비롯한 아이누 문화진흥
- 문화에 한정되지 않는 폭넓은 정책 시행 및 아이누의 지적 재산권의 적절한 보호
- 의무교육 단계에서의 차별 없는 이해 촉진
- 아이누 자녀의 교육비 충실에 대한 지원
- 고령자에 대한 생활 지원
- 생활관·상담원 제도의 실현
- 농림수산업 보조금의 운용 개선
- 주택 자금 대출 지원의 충실
- 아이누에 대한 차별을 저지른 자에 대한 처벌

이상 아이누 사람들의 제안·요망·요구와 성립된 법률의 내용을 비교한 결과, 거의 일치함이 없음이 명백합니다. 이른바 아이누 신법의 핵심 포인트는 다음과 같습니다.

- 시라오이초(白老町)에 설치한 '민족 공생 상징공간'의 관리·운영을 지정 법인에 보조금을 지급한다.
- 지방자치단체가 아이누에 관련된 관광이나 농림수산업의 진흥을 위한 지역계획을 작성하고, 총리가 이를 인정하여 지정한 경

1 〈아이누 신법〉과 일본 정부

우, 정부는 교부금을 지급할 수 있다.
- 시정촌의 지역계획이 수상에게 인정된 경우, 농림수산성은 주민에 대해, 국유림에서 아이누 공예품의 제조에 사용할 수 있는 임산물을 채취·이용할 수 있는 권리를 부여할 수 있다.
- 농림수산성이나 도도부현지사는 지역계획의 실행을 위해, 아이누의 전통의식 및 어법의 전승을 목적으로 한 강에서의 연어 채취에 배려할 수 있다.
- 지역계획에 규정된 아이누 상품의 상표 등록에 대해서는 등록 수수료를 감면하거나 면제할 수 있다.
- 내각부에 아이누 정책 추진 본부를 둔다.

이 법률에는 '누구도 아이누에 대해, 아이누인 것을 이유로 차별해서는 안되며 그 밖에 권리이익을 침해하는 행위를 하면 안된다'라는 문구는 포함되어 있습니다. 그러나 그에 반한 경우 벌칙규정은 없습니다. 즉, 아이누를 차별하지 말라는 것은 정부의 '요청'에 불과한 것입니다.

'설명회'에서의 아이누 사람들의 제안·요망·요구 중에는 '아이누 문화 진흥', '아이누의 지적 재산권 보호'에 대해서는 어느 정도 법안에 포함되었습니다. 자치에 의한 문화사업 및 학교 교육에 관한 부분에서는 약간의 진전을 보였습니다. 그러나 '국유지의 자원 이용이나 연어 어업권의 설정'이라는 부분에 주목해 주십시오. 성립한 법률에는 확실히 산림에서의 채집이나 연어잡이에 관한 항목이 포함되어 있습니다. 그렇기 때문에 아이누의 '자원권'의 일부에 대응하고 있다고 생각할지 모릅니다. 그러나 법률의 문구를 읽어보면 전혀 그렇지 않은 사실을 깨닫게 됩니다.

놀랍게도, '자원권'의 일부를 인정하는 '권리'가 아니라, '행정권에 의한 특별 배려'라는 표현이 쓰여 있습니다. 즉, 중앙정부나 자치단체가 국유지나 하천에서 자원의 채취·수렵·어로 등을 계속적으로 생업으로 삼고 있는 경우에 한해 '배려할 수 있다'는 내용입니다.

일본을 포함해 세계 144개국이 찬성하여 2007년에 채택된 〈UN 선주민족 권리선언〉에는 "선주민족은 그들과 그녀들이 전통적으로 소유하고 점유하고 또는 다른 방법으로 사용하고 또는 취득해온 토지나 영역, 자원에 대한 권리를 가진다"라고 명시되어 있습니다. 따라서 법적으로 선주민족이라고 인정된 아이누들에게는 산·강·바다에서의 채취, 수렵, 포획할 '권리'가 있습니다. 그 당연한 '권리 행사'에 대해 특별한 경우에만 행정이 '배려'한다는 것은 도대체 뭐란 말입니까.

아이누가 선주민족으로서 인정되었기 때문에, 당연히 선주권이 발생합니다. 자원권(Resource Rights)이라는 것은 토지권(Land Rights)과 더불어 선주권(Indigenous Rights)의 핵심을 이루는 것입니다. 이 두 가지는 분리할 수 없다는 것이 세계의 공통된 인식입니다. 그러나 서두에서 지적한 그러한 권리의 행사에 대해서, 행정에 의해 '배려'되어야 할 사안이 아닙니다.

I 〈아이누 신법〉과 일본 정부

'권리'를 위한 것이 아니라, '관리'를 위한 법률

이 법률에는 극히 중요한 사항이 빠져 있는 부분이 있습니다. 법률에는 '선주민족'이라는 말이 단 한 번도 등장하지 않습니다. 놀랍게도, 국제적으로 '선주민족'에게 본래 발생한다고 여겨지는 '선주권'이라는 단어조차 법률 전체에서 네 번밖에 쓰이지 않았습니다.

'권리'라는 단어는 제1장 제4조에서 "차별해서는 안 된다"고 서술된 부분, 시정촌 주민이 농림수산성 장관의 인정을 받아 국유림의 산림 자원을 채취·이용할 수 있게 된다는 16조, 아이누 문화를 진흥하는 과정에서 발생한 권리를 상표 등록 대상이 되게 할 수 있다는 18조의 세 군데에서 쓰이고 있으며, 나머지 한 곳은 "시정촌 주민이 선주민족 아이누인 것으로 특정되었을 경우, 또는 선주민족 아이누로 인정되었을 경우에는, 반드시 권리로서 보장되어야 한다"고 하는 부분인데, 실은 이것도 '권리'가 아니라 '관리'라는 단어입니다.

'권리'는 전반적으로 네 번밖에 나오지 않는 반면, '관리'라는 단어는 무려 스물다섯 번이나 등장합니다. 법률 문안을 읽고 처음 든 인상은, 이것은 아이누의 권리에 관한 법률이 아니라 아이누의 '관리'에 관한 법률이라는 것이었습니다. 이를 근거로 다른 나라의 선주민족 관련 법률과 비교해 보면, 선주민족이 채취, 수렵, 어로 등 권리를 어떻게 보장받고 있는지는 나라에 따라 다릅니다.

예를 들어, 캐나다에서는 이미 선주민족에게 반환된 지역 내에서 국유지의 일부 및 국립공원의 절반 정도가 채취, 수렵, 어로권을 가지는 장소가 되고 있습니다.

한편, 제가 주로 살고 있는 오스트레일리아의 경우는 법 제정 방식이 다르며, 국유지나 국립공원에서의 채취·수렵·어로권은 법률에 의해 보장되고 있습니다.

뉴질랜드의 경우는 아주 특수하고 복잡합니다. 왜냐하면, 뉴질랜드 선주민족은 정부와의 사이에 '와이탕이 조약'이라는 조약을 체결하고 있으며, 그 조약에 근거하여 자원권에 관한 특별한 권리가 보장되고 있기 때문입니다.

앞서 말한 세 나라에서는 선주민족에게는 자원권만이 아니라 토지권도 부여되고 있습니다. 호주에서는 이미 전국 토지의 약 4분의 1이 선주민족 커뮤니티에 반환되었습니다. 현재도 재판소의 판단 중에 있으며, 선주민족 커뮤니티의 토지권은 호주 전역에서 점점 확대되고 있습니다. 대만에서는 현재, 선주민족 기본법에 입각한 반환 프로세스가 차근차근 진행되고 있습니다.

이처럼 비교해보면, '자원권'이라는 것이 단지 자원을 활용하는 것을 정부가 허가해주는 제도에 그치는 것이 아니라, 선주민족이 자율적으로 계획하고 조직하여 자원을 활용·관리할 수 있도록 하는 권리 체계라는 것이 분명해집니다. 그렇다면, 선주민족의 권리란 국가가 선주민족의 경제적, 사회적 자립 확대를 위해 부여한 법률이 아니라, 오히려 선주민족의 문화와 활동을 통제하고 관리하려는 법적 틀로서의 의미가 더 강하다고 할 수 있습니다.

실제로 이 법률의 구성에는, 아이누 관련 조직인 '아이누 연합회'의 존립과 운영에 대한 규정이 포함되어 있으며, 그 운영에 관한 최종 결정권은 행정 기관인 '아이누 정책 추진본부'에 귀속된다는 구조가 설정되어 있습니다. 이뿐만 아니라, '문화사업'을 추진하는 지

I 〈아이누 신법〉과 일본 정부

방자치단체 산하의 '문화사업 실시법인'에 대해서도, 해당 법인을 '지방자치단체가 지정한 법인'으로 정의하며, '특정의 아이누 정책을 수행하는 특별한 업무를 가진 법인'으로서 행정이 지정하고 관리하도록 규정되어 있습니다.

결국 이 법은 지방자치단체가 설치한 법인이 아이누의 문화, 미래, 활동을 '관리'하도록 규정한 법률인 것입니다. 그런 조직 운영과 존속에 대해 지방자치단체가 아니라 국가가 최종 결정권을 가지고 있다는 점에서, 이 법은 '아이누의 권리를 보장하는 법'이 아니라 '국가가 아이누의 정체성과 문화, 미래를 관리하는 법'이라고 해석할 수밖에 없습니다.

관광 자원화에 맞서

아베 신조 당시 총리는 2019년 통상국회에서의 시정방침연설에서 다음과 같이 말했습니다. "광범위한 아이누 문화의 발신 거점을 정비하여, 아이누 여러분이 선주민족으로서 긍지를 가지고 생활할 수 있도록 지원해 나가겠습니다."

이처럼, 아이누 정책에 대해 정부가 국회 연설에서 처음으로 언급한 것이 이때였다고 생각합니다. 그러나, 이 정부 방침 설명의 직후에 등장한 항목이란, 놀랍게도 '인권'이나 '공생'이라는 항목이 아니라 '관광 입국'에 관한 항목이었습니다. 아이누 정책이 국가에 의해 처음으로 언급된 바로 다음에 '관광'이라는 단어가 등장한 것이었습니다.

뿐만 아니라, '관광 입국'의 항목에서는 아이누를 '관광 자원'으로서 더욱 활용하려 한다는 방침이 명확히 나타나 있었습니다. 애초에 아이누에게 인정되었어야 할 자원권의 일부로서 위와 같은 발언이 총리로부터 나왔다는 사실은, 공동성이나 생존권이라는 보다 본질적인 선주권의 가치와는 정반대되는 방향으로 정부가 아이누를 다루고 있다는 것을 보여줍니다.

더욱 놀라운 것은 이러한 문제점이 있음에도 불구하고 일본의 주요 미디어로부터는 어떠한 비판도 나오지 않았다는 사실이었습니다.

오스트레일리아에서는 2000년에 시드니 올림픽이 개최되었습니다. 이 기회를 통해 오스트레일리아 연방 정부는 개회식에서 애버리지니 사람들의 문화를 도입한 세리머니를 열고, 관광산업의 활성화를 꾀하였습니다. 당시 수상은 애버리지니 사람들에 대한 사과를 거부하고, '도둑맞은 세대'로 한정하여 '선주권'의 범위를 좁히려 했던 존 하워드(John Howard)였습니다.

그러나 실제로 일어난 것은 달랐습니다. 보수 정치가들의 예상과는 달리, '선주권'에 관한 논의는 오히려 고조되었습니다. 올림픽 개막식의 2개월 전 무렵, 시드니 하버 브릿지에서 '도둑맞은 세대'에 대한 국가적 사과와 배상을 요구하며, 백인, 비백인을 막론하고 30만 명의 사람들이 시위 데모에 참가했습니다.

이 올림픽에서는 애버리지니 출신의 캐시 프리먼(Cathy Freeman)이 여자 400미터 경기에서 우승했는데, 그녀는 오스트레일리아 국기뿐만 아니라 애버리지니의 사람들의 '국기'도 자신의 몸에 두르고, 금메달을 목에 건 채 환호성에 둘러싸여 감동적인 장면을 만들어냈습니다.

I〈아이누 신법〉과 일본 정부

　그뿐만 아니라, 개막식의 퍼포먼스에서는 인기 록밴드 미드나잇 오일(Midnight Oil)이 'SORRY'라고 크게 쓰인 티셔츠를 입고 등장했습니다. 이는 정부의 선주민족 탄압에 대한 저항을 온몸으로 표현한 퍼포먼스였습니다.
　이러한 선주권 획득 운동의 전례로 보아도 2000년 시드니 올림픽은 그 상징적인 해였습니다. 그리고 이처럼 기념비적인 해로 기록된 2000년으로부터 20년이 지난 지금, 2020년 도쿄 올림픽은 애버리지니의 사람들, 즉 일본의 선주민족의 목소리를 세계에 전할 수 있는 절호의 기회였다고 생각하지 않을 수 없습니다.

　〈저자 주〉
　본고는 홋카이도대학 개시문서 연구회, 홋카이도대학 대학원 미디어 커뮤니케이션 연구원이 주최하여 2019년 3월 삿포로 시내에서 열린 강연록을 가필 수정한 것입니다. 호주 선주민족은 세대별로 '무엇이 차별적인 용어인가'에 대한 인식이 다릅니다. 본고에서는 연방정부 공문서에서 사용되는 '애버리지니 사람들'이라는 표현을 채용했습니다.

제3장
'공생의 올림픽'과 선주권

테사 모리스 스즈키(Tessa Morris-Suzuki)

'함께 노래하자'라는 비전

근대 올림픽이란 국가가 내셔널 아이덴티티에 관여하는 스테이트먼트를 표현하려는 장소입니다. 올림픽·패럴림픽은 스포츠에서 뛰어난 능력만이 아니라, 국가의 다른 나라들로부터 어떻게 보이고 싶은지(또는 지도자가 자국을 어떻게 보아주기를 바라는지)를 상징적으로 표현하려는 장치가 되어왔습니다. 따라서 내셔널 아이덴티티의 진술은 시간의 경과와 함께 정교하고 장대하게 되어왔습니다(Tanaka, 2019).

일본은 1964년 도쿄올림픽에서 패전의 잿더미로부터 일어난 부흥의 경제·기술 대국이라는 모습을 세계에 제시했습니다. 신칸센이라는 눈부신 새로운 교통망과, 건축가 단게 겐조(丹下健三)설계의 초근대적인 유선형의 요요기 올림픽스타디움은 '기적적인 경제성장'을 향해 다이나믹한 국가의 모습을 표현했습니다. 한편, 2020년 올림픽대회 조직위원회의 무토 도시로(武藤敏郎) 사무총장은 올림픽의 최대 키워드는 '공생(harmony)'이라고 하였습니다(산요신문(山陽新聞), 2019년 1월 16일).

여기에서 제시된 '공생'이라는 테마에는 다양한 해석이 가능할 것입니다. 그 하나로, 일본에 사는 소수 민족이나 그 밖의 마이너리티의 권리보장과 관련하여 해외로부터의 비판을 피하려는 목적이 있음이 명확하다고 생각합니다. 고령화하는 일본 사회는 노동력이 부족하여 다문화주의라는 말 대신, 외국인 노동자와 이주민이라는 새로운 흐름을 일본식으로 선택한 것이 바로 '공생'이라는 말이라고 보는 국제적 분석도 있습니다.

'공생'라는 말은 도쿄올림픽·패럴림픽의 상징으로서, 관련 행사나 행사장 주변에서 연중 내내 표현될 것인데, 그 '공생'의 구체적 표현 방식이 논란을 불러일으켰습니다.

예를 들어, 초기의 계획에서는 '공생'하는 선주민족인 아이누에 의한 전통무용이 올림픽 개회식 공식 프로그램에 포함될 예정이었습니다. 하지만 개회식 주최자의 말에 따르면, 시간적인 제약으로 인해 아이누는 별도의 형태로 참가한다고 발표하였습니다(홋카이도신문, 2020년 2월 7일 석간). 그리고 아이누와의 공생을 표현하는 장소는 올림픽·패럴림픽 회장이 아니라, 홋카이도 시라오이초(白老町)에서 2020년 4월 하순에 개장 예정인 '우포포이'입니다. '우포포이'는 오픈이 예정되어 있던 민족 공생 상징공간이라는 최신 국립 시설의 내부·외부 시설을 말합니다.

4월 하순의 오픈 예정일은 올림픽 관련으로 일본에 방문하게 되는 관광객을 의식하여 신중히 선택된 날짜였습니다(Kelly 2019). '우포포이'는 아이누어로 '함께 노래하다'를 의미하는 말이며, '공생

(harmony)'이라는 키워드가 반영되어 박물관과 그 주변은 '민족 공생 상징공간'이라는 이름이 붙었습니다. 스가 요시히데(菅義偉) 내각관방부장관의 설명에 따르면, 연간 100만 명의 방문객을 기대하는 전망을 나타냈으며, 이러한 전망은 삿포로에서의 마라톤경기 개최에 의해 더욱 실현 가능성이 높아졌다고 말할 수 있습니다(金子, 佐藤 2019).

그러나 일각에서는 2억 2천만 달러가 투입된 새로운 박물관과 공원의 건설은 도쿄올림픽・패럴림픽에서 축하해야 할 '공생'이라는 개념에 근본적인 의문을 제기하고 있었습니다(Kelly 2019; Nakamura 2019). '공생'의 촉진은 일본의 문화적 민족적 다양성을 보다 깊이 이해하기 위한 마일스톤이라고 할 수 있습니다만, '공생'(unity in diversity)을 주장하면서도 사실은 '조화'(unity)라는 말이 강조되고 있습니다. '다용성'(diversity)의 이해는 식품, 의복, 의식, 제사 등의 표상적인 다문화주의(cosmeitc multiculturalism)에 한정되어버리고 마이너리티의 법적 권리보장에는 좀처럼 연결되지 않았습니다. 이는 일본의 아이누 사회에 있어서도 매우 중요한 문제입니다.

아이누의 역사와 일본 국가

19세기 전반까지 아이누 민족은 현재 홋카이도라 불리는 지역의 남부에서부터 사할린섬 남부, 그리고 현재 러시아가 지배하는 쿠릴열도의 남단까지 이르는 광대한 지역에 자치 집단을 이루어 생활하고 있었습니다. 아이누의 일부는 아시아 대륙의 아무르강 유역이나

I 〈아이누 신법〉과 일본 정부

캄차카반도 남부에까지 이주하여 살고 있었습니다. 또한, 18세기 후반까지는 일본의 혼슈 북부에도 널리 살고 있었습니다.

아이누어의 다양한 방언은 일본어와 전혀 달랐으며, 아이누 민족은 독자적인 경제·문화·종교 등의 체계를 가진 집단이었습니다. 그들의 경제 기반은 주로 어업과 수렵, 채집이었지만, 그들이 거주하는 비교적 온난한 지역에서는 소량의 농작물이나 채소도 재배하고 있었습니다. 아이누 사회는 복합적인 교류를 가진 사회였습니다. 남쪽은 일본, 서쪽은 중국, 북쪽은 팽창하는 러시아 제국과 주변의 선주민족 커뮤니티들과의 교류가 있었습니다.

남쪽 일본과의 장기간에 걸친 교류는 와진(和人, 일본인)과의 혼인이 상당수 있었다는 것을 의미합니다. 18세기 초, 마쓰마에번(松前藩)이, 이후에는 에도 막부도 아이누의 어업 및 교역 활동의 분배를 장악하였습니다만, 거의 대부분 에도 막부의 영토(版図)에는 포함되어 있지 않았습니다. 홋카이도라는 현재의 명칭이 생기고 개척민이 몰려든 것은 1868년 메이지 유신 이후의 일이었습니다.

아이누의 토지는 메이지 정부에 의해 몰수되어 농지가 되었습니다. 전통적인 아이누의 사냥·채집 및 어업에는 엄격한 제한이 가해졌습니다. 아이누 아이들에 대해서는 동화정책에 따른 교육이 시작되었습니다. 1899년의 〈홋카이도 구토인 보호법〉은 아이누를 일본 국가에 동화시키기 위한 법률이었습니다. 이 법률은 실제로 많은 아이누 사람들의 빈곤과 소외를 초래합니다(官野 1994; Siddle 1996). 동 법은 거의 1세기에 걸쳐 시행되었습니다. 아시아·태평양 전쟁의 패전으로 일본은 사할린 남부 및 쿠릴 열도의 일부를 상실하였고, 이 영역이 생활권이었던 아이누의 대부분이 선조 대대로의 고향을 영

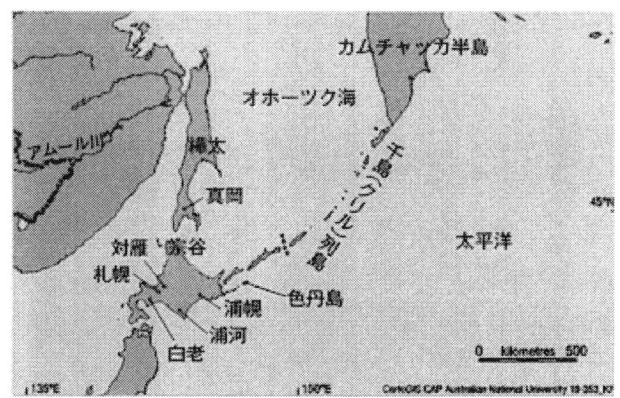
아이누의 생활권(ⒸartoGIS CAP ANU)

원히 떠나 홋카이도로 이주할 수 밖에 없었습니다(Inoue 2016).

민족 간의 혼인과 장기에 걸친 동화로 인해 현재 일본에 거주하는 아이누 인구에 대해 정확한 수치를 제시하는 것은 어렵습니다. 홋카이도에서의 조사에서, 약 2만 4천 명이라는 것이 있지만, 일부의 아이누는 '도쿄를 포함한' 일본의 다른 지역에서 생활하고 있으며, 아이누로서의 아이덴티티를 명확히 드러내지 않는 사람도 있어 아이누 인구에 대한 이 수치는 과소평가라고 말할 수 있을 것입니다(아이누·선주민족연구센터 2010).

세계적인 선주민족 권리 획득 운동의 고조를 배경으로 하여, 홋카이도 우타리협회(현재의 홋카이도 아이누협회)는 1984년, 시대에 뒤떨어진 〈홋카이도 구토인 보호법〉을 폐지하고, 대신에 아이누 문화를 진흥하고 보급하며 교육과 경제적인 자립을 지지하고 어업권을 회복시키고, 국회나 지방의회에서 아이누의 의석을 확보할 것을 정한 아이누에 관한 새로운 법률제정을 요구하는 운동을 개시했습니다

1 〈아이누 신법〉과 일본 정부

(Siddle 1996). 그러나 일본 정부의 대응은 매우 제한적이었습니다. 1997년에 〈홋카이도 구토인 보호법〉은 폐지되었으나 그 대신에 전통적인 문화에만 초점을 좁혀 광범위한 자치적·사회적·경제적·정치적 요구는 무시된 〈아이누문화진흥법〉이 제정되었습니다.

그 법률 제정 이후에도 아이누의 여러 단체에 의한 활동은 계속되어, 2019년 4월에 〈아이누문화진흥법〉도 폐지되었습니다. 일반적으로 미디어에서는 '아이누 신법'이라고 불리는 새로운 법률 '아이누의 존엄이 존중되는 사회를 실현하는 것을 목표로 한 조치 등을 정한 법률(정식 명칭)'이 그 대신에 성립되었습니다. 그러나 이 '신법'도 〈아이누문화진흥법〉과 마찬가지로 문화진흥을 중심으로 한 내용이며, 캐나다·오스트레일리아·뉴질랜드·대만 등의 여러 나라에서 법적으로 보장된 '선주민족 권리'에는 도달하지 못하는 것이 이른바 '아이누 신법'입니다. 또한, '아이누 신법'의 중심 위치를 차지한 것은 홋카이도 시라오이초의 '민족 공생 상징공간'이라는 새로운 국가시설의 건설이었습니다. 전통적인 문화만을 결합한 내용만으로, 아이누 전통에 관계하는 하천·해역·산림자원의 특별사용 허가를 포함한 특례의 법적 권리보장은 없기 때문에, 일본 정부의 '문화 중심'의 대응에 대해 이 법안에 대한 아이누 커뮤니티의 반응은 매우 복잡하다고 할 수 있습니다. 홋카이도 아이누 협회의 지도자들은 이 법안에 대한 지지를 표명했습니다만, 다른 커뮤니티의 구성원들로부터는 광범위한 비판의 목소리도 있었습니다. 법안 제정에 이르는 부적절한 협의 및 조율의 부족이라는 양면에 더해, 선주민족으로서의 아이누의 권리 '선주권'을 인정하지 않는 이 법안에 대해 의문이 제기되고 있습니다(히가시무라(東村) 2019, 시미즈 아키야마(清水

畠山)・마루야마 이치카와(丸山 市川) 2019, 모리스-스즈키(モーリス=スズキ) 2018).

간략화된 협의 프로세스나 법안 초안 작성이라는 기획은 2020년 도쿄올림픽·패럴림픽 개최의 일정에 맞춰 추진되었습니다. 2019년 초 일본 국내 미디어의 보도는 '정부가 내년 도쿄올림픽·패럴림픽을 향해 민족의 공생을 세계에 어필하려 한다(산케이 2019)'. 지금(2019년 통상) 정기국회 회기 중 법안 통과를 추진하고 있다는 지적을 받았습니다. 이러한 접근 방식은 '민족의 공생'을 어떻게 해석하고 있는지에 따라 일본 정부의 기본자세에 대한 심각한 우려를 낳습니다. 일본 정부가 지향하는 것은 '권리보장이나 사죄와 같은 내용을 제거하고 관광을 중심으로 한 표면적인 공생에 불과하다'(히가시무라 2019)는 것을 암시하고 있기 때문입니다. '토지 수복'이나 '차별에 대한 배상'을 포함하여, 지역사와 현재 거주에 대한 권리를 다루는 아이누족의 장기적인 역사, 지금의 일본 국외(예: 사할린, 쿠릴 열도) 출신의 아이누 후손들의 권리문제에 이르기까지 포함하지 않은 새로운 아이누 정책이 성급히 정리되었다는 사실에 우려의 목소리가 광범위하게 나오고 있습니다(다자와(田澤) 2017).

우라호로(浦幌) 아이누 협회는 이른바 '아이누 신법'의 시행에 반대하여 선주권을 실현하지 않은 채 국가와 도(道)를 상대로 소송을 제기하기로 결정했습니다(도쿄신문, 2020년 1월 13일). 한편, 2020년 1월, 아소 다로(麻生太郎) 부총리는 정부 보고회에서 "2000년에 이르러 하나의 언어, 하나의 민족, 하나의 왕조가 계속되고 있는 나라는 전 세계에서 일본밖에 없다"라고 발언했기 때문에 '공생'이라는 정부의 공약이 과연 어느 정도의 의미를 갖는 것인지에 대해 중대한 의문이 제기되었습니다(Japan Times, 2020).

1 〈아이누 신법〉과 일본 정부

쟁점이 된 유골

'민족 공생 상징공간'의 한구석이 특히 격한 논란의 대상이 되었습니다. 박물관 등이 있는 주요 구역 외곽이 '위령 시설' 건설지로 선정되었기 때문입니다. 그곳이 인류학자와 다른 연구자들이 지역사회의 동의 없이 발굴해 연구 목적으로, 혹은 단순히 전리품으로 국내외 박물관과 대학에 가져간 수천 명이 넘는 아이누 유골의 영면처가 된 것입니다. 또한, 도굴된 유골은 영국, 독일, 호주 등에도 있습니다(외국인 방문객을 위한 공식 홍보 팜플렛에는 '민족 공생 상징공간'의 위령 시설에 대한 언급이 전혀 없다는 점이 특기할 만하다). 많은 아이누 단체가 오랜 세월에 걸쳐 이러한 유골 반환 운동을 진행해왔으며 그 결과 2020년까지 약 100구의 유골이 지역 커뮤니티에 반환되었습니다.

유골 반환 문제는 아이누 공동체 간에도 심각한 갈등을 불러일으키고 있습니다. 홋카이도 아이누 협회는 정부의 계획에 찬성했습니다. 그러나 다른 많은 개인과 단체, 특히 히다카(日高) 지역에 기반을 둔 '고탄의 모임'과 최근 설립된 '시즈나이(静內) 아이누 협회'는 진정한 '유골 반환'은 빼앗긴 유골을 원래의 공동체에 돌려주는 것이며 공동체가 직접 운영하는 적절한 위령 의식을 동반해야 한다고 주장하고 있습니다(시미즈 2018, 清水葛野 Gayman 2018; Nakamura 2019). 개인 또는 단체가 '상징공간'인 위령 시설에 안치되는 유골 반환을 요청하는 것은 앞으로도 가능합니다. 그러나 그 절차는 매우 복잡해질 수도 있습니다. 유골 반환을 요구하는 사람들은 주요한 관광시설 옆에 있는 초 근대적인 콘크리트 구조의 위령시설은 돌아가신 아이누 사람들 입장에서는 너무 부적절한 영면 장소라는 비판이 나오고

제3장 '공생의 올림픽'과 선주권

기네우스고탄으로 반환된 아이누인들의 묘표=2019년 홋카이도 우라카와초에서(저자 촬영)

있습니다. 많은 연구자와 활동가들은 아이누의 유골을 집단적인 위령 시설에 안장하기보다는 원래 유골이 있었던 지역 커뮤니티를 적극적으로 찾아내어, 가능한 한 많은 유골이 고향으로 돌아가 묘지에 매장될 수 있도록 정부에 요구하고 있습니다(Nakamura 2019).

올림픽·패럴림픽을 넘어

올림픽·패럴림픽의 목적 중 하나가 개최국의 내셔널한 문화와 아이덴티티를 전 세계에 어필하는 것이라고 한다면, 2020년에 개최 예정이었던 올림픽·패럴림픽에서는 개회식과 스포츠 이벤트 양쪽 모두에서 아이누 문화의 표현이 다수 포함되었을 것입니다. 올림

1 〈아이누 신법〉과 일본 정부

픽·패럴림픽 개최를 맞이하여, 아이누의 역사와 현대의 아이누 사회를 아우르는 '민족 공생 상징공간'의 설립은 일본의 아이누 정책의 최신 성과로서 해외에서도 긍정적인 반응을 얻을 수 있었을 것입니다. 올림픽·패럴림픽을 방문한 사람들에게 아이누의 역사와 현대 사회를 알리고 이해를 얻는 긍정적인 기여를 할 수 있었을 것입니다. 그러나 되돌아보면, 아이누 정책에는 아직 해결되지 않은 선주권을 포함한 근현대의 역사와 문화에 관한 과제가 산적해 있습니다. 올림픽·패럴림픽의 축제와 관련된 일본 정부의 대응에는 큰 의문을 품지 않을 수 없습니다.

아이누의 생활은 올림픽·패럴림픽 및 그 주변의 문화적인 이벤트 속에서 어떤 방식으로 표현될 수 있었을까요. 올림픽·패럴림픽의 방문자는 생존권·자원권·선주권의 인식과 조상의 유골 반환을 요구하는 아이누 커뮤니티의 지속적인 싸움에 대해 알게 되었을까요. 여행자는 다양한 방식으로 과거의 고통스러운 체험을 이야기하는 아이누의 목소리를 들을 기회를 가졌을까요. 자발적으로 자신의 역사·문화·미래의 희망을 표현할 수 있었을까요. 혹은, 다양성과 공생의 오륜이 교묘히 조작된 아이누 문화의 이미지로서, 이미 완성된 일본의 '공생' 속에서 다채롭고 조화롭게 조합된 모자이크의 하나로서 제시된 것일까요.

2020년에 예정되어 있던 올림픽·패럴림픽과 아이누 민족에 관한 미디어 보도를 따라가다 보면, 저는 2000년의 호주 시드니올림픽·패럴림픽 개막 직전의 논쟁을 떠올리게 됩니다. 2000년 올림픽·패럴림픽의 개막식 주요 파트에서는 애버리지니 사람들의 예술적인 디자인과 정신적인 전통이 강조되었습니다. 애버리지니 사

제3장 '공생의 올림픽'과 선주권

람들의 문화를 활용한 관광 정책에 주력하고 있던 당시의 오스트레일리아 정부와 존 하워드 정권은 국가의 동화정책에 의한 비극적인 상황에 대해 애버리지니 사람들에게 사과하는 일을 끝내 하지 않았습니다. 그에 반발하여 올림픽·패럴림픽 개막 2개월 전, 약 30만 명의 백인과 비백인이 시드니 하버 브리지에서 시위에 참가하였고, 애버리지니 사람들은 '도둑맞은 세대'와 '국가 동화정책'이라는 환경에서 가족으로부터 강제로 분리된 자녀들에 대한 사죄를 정부에 요구하였습니다.

올림픽 개막식에서는 인기 록밴드 미드나잇 오일이 'SORRY'라고 크게 적힌 티셔츠를 입고, 애버리지니와의 공존을 노래하는 〈Beds Are Burning〉을 열창하였습니다. 이러한 퍼포먼스를 통해 미국이나 일본에서도 보도되었으며, 연방 의회에서는 공식적으로 사과 성명이 채택되었습니다. 애버리지니 사람들의 '도둑맞은 세대'와 그 자녀들에게 국가가 사죄한 것입니다.

이러한 사죄를 통해 오스트레일리아 정부는 애버리지니의 선주민족 권리를 인정하였습니다. 2008년 2월 오스트레일리아 총리는 일본에서 선주권을 요구하고 있는 아이누와는 전혀 다른 대응을 보였습니다. 2020년에 예정된 올림픽·패럴림픽 개최와 맞물린 아이누 정책 논쟁은 일본에게도 '전환의 계기'가 될 가능성을 지니고 있었습니다.

올림픽·패럴림픽의 식전에서, 또는 2020년 4월에 개관할 예정이었던 '민족 공생 상징공간'을 방문하여 그곳에서 제시되는 아이누의 역사와 문화를 본 일본 국내외의 사람들은 다음과 같은 의문을 제기합니다.

Ⅰ 〈아이누 신법〉과 일본 정부

일본 정부는 '선주민족'인 아이누의 '선주권'(이 둘은 분리할 수 없음)을 어디까지 인지하려 하는가, 혹은 하지 않을 것인가. 아이누 사람들은 장래에 대해 어떤 전망을 가지고 있으며, 그 전망은 어떻게 달성될 수 있을 것인가.

올림픽·패럴림픽의 개최는 '겉치레뿐인 공생'을 내세우는 문화적·관광적인 시리즈로 끝내서는 안 되며, 선주민족으로 공식 인정된 아이누 사람들의 사회적·문화적·경제적·정치적 권리의 획득에 관련된 진지한 논의를 시작하는 계기가 되어야 합니다.

필자 주: 이 글은 『재팬포커스』지 제18권 제4호(2020년 2월 15일)에 "Indigenous Rights and the 'Harmony Olympics'"라는 제목으로 게재된 논문을 가필·수정한 것입니다.

참고문헌

홋카이도대학 아이누·선주민 연구센터 『현대 아이누인의 삶과 인식』, 2010년.

히가시무라 아키코(東村明子) 『No Rights, No Regret: New Ainu Legislation Short on Substance』 Nippon.com, 26 April 2019.

Inoue, Kyoko. 2016. "A Case Study on Identity Issues With Regard to Enchiw (Sakhalin Ainu)." Journal of the Center for Northern Humanities, 9: 75-87.

Japan Times, 14 January 2020. "Deputy Prime Minister Taro Aso again courts controversy with remarks about Japan's ethnic identity."

가네히라 시게노리(金平茂紀) 『우포포이와 상징 공간』 홋카이도신문, 2020년 10월 5일.

가야노 시게루(萱野茂) 『Our Land was a Forest: A Ainu Memoir』 (Trans. and ed. Kyoko and Mark Selden). Westview Press, 1994.

Kelly Tim. 2019. Aiming at Olympic boom Japan builds Ethnic Harmony tribute to Indigenous Ainu. Reuters, 29 October. (accessed 1 November

2019)

내셔널 폴리시 네트 2018 『Performing Ethnic Harmony: The Japanese Government's lans for a New Ainu Law』The Asia-Pacific Journal: Japan Focus 16 (21) no. 2.

Siddle, Richard. 1996. Race, Resistance and the Ainu of Japan. Abingdon: Routledge.

Tanaka, 2019. "The Olympics and Japanese National Identity: Multilayered. Otherness." Tokyo 2016 and 2020. Contemporary Japan, 31 (2): 197-214.

시미즈 야스코(清水靖子)·니와 요시유키(丹羽美之) 2018, 「아이누 정책을 둘러싼 '화해'의 담론 구조」, 『마이너리티 시각에서 본 아이누 정책의 근본 문제』 제5회 아이누 정책 검토 시민회의 발표문 (도쿄대학), 2017년 6월 18일.

시미즈 야스코(清水靖子)·니와 요시유키(丹羽美之)·야마모토 신야(山本晋也)·마루야마 이치카와(丸山市川) 2018 "Long Journey Home: Repatriation Symposium. National Museum of Australia: Canberra 7 May 2018."

시미즈 야스코(清水靖子)·노자와 가즈히로(野澤和弘)·Gayman Jeff 2018 "Recognition at Last for Japan's Ainu Community." 일본 외무성 국제 심포지엄 발표집.

Siddle, Richard. 2018. "Towards a Respectful Repatriation of Stolen Ainu Ancestral Remains." In Gerald Roche, Hiroshi Maruyama and Andrew Kwok (eds.), Indigenous Efflorescence: Beyond Revitalisation in Sápmi and Ainu Mosir. Canberra: Australian National University Press. 115-120.

II
선주권과 아이누 민족

제1장
아이누의 자랑을 가슴에

구즈노 쓰기오(葛野次雄)·나라키 기미코(楢木貴美子)·사시마 마사키(差間正樹)

i 아버지가 아들에게 물려주다

구즈노 쓰기오(葛野次雄)
시즈나이(静内) 아이누 협회 회장. 1954년 홋카이도 신히다카초(新ひだか町) 시즈나이 출생. 택시 운전사, 농업 등을 거쳐 아버지 다쓰지로(辰次郎)의 뒤를 이어, 아이누 선주민족의 권리와 아이누 문화 발전에 힘쓰고 있다.

땅을 판 기억은 없다

구즈노 가문에는 가무이노미(신에게 기도하는 전통 의식)가 현대에 이르기까지 끊임없이 전해져 내려오고 있습니다. 아버지, 구즈노 다쓰지로(葛野辰次郎)는 1910년에 태어나 2002년에 92세 나이로 세상을 떠났지만, 어릴 적부터 아이누어를 배우며 자랐기에 자유롭게 아이

Ⅱ 선주권과 아이누 민족

누어를 할 수 있었습니다. 아버지가 항상 입에 올리시던 말을 기억합니다. 그 말은 야마모토 다스케(山本多助) 에카시(장로)나 나카모토 무쓰코(中本むつ子) 후치(할머니), 가와무라 가네토(川村カ子ト) 에카시, 가야노 시게루(萱野茂) 에카시와 같은 말들이었습니다. 그러나 일본 정부에 대해서 "당신들은 에조치(蝦夷地)를 우리로부터 어떻게 샀는가? 우리는 판 기억도 빌려준 기억도 없다"고 했습니다. 저는 법무국이나 홋카이도청에 가서 아이누가 땅을 팔았다는 증거가 있는지 물어봤지만, 명확한 답변을 듣지 못했습니다. 이제 와서 에조치를 돌려달라고는 말하지 않습니다. 아버지 다쓰지로는 "산에 가서 나무를 벨 권리, 바다로 내려가 연어와 다시마를 잡을 권리, 다시 산으로 돌아가 곰이나 사슴을 잡을 권리, 이 정도만 되면 더 이상 말하지 않겠다. 돈은 필요 없다, 권리는 돌려달라"고 늘 말했습니다. 저도 그렇게 생각합니다.

선주민족의 권리를 인정하는 UN 선언이 2007년에 채택된 다음 해, 일본에서도 국회 양원이 아이누를 선주민족으로 인정할 것을 요구하는 결의안을 냈습니다. 그로부터 십수 년이 지나 '아이누 신법' 논의가 활발해지며, 드디어 선주민족의 권리가 인정되는지 주목했지만, 내용을 알고 보니 뭔가 잘못되었다는 생각이 들었습니다.

이번 아이누 신법은 아이누를 선주민족으로 인정했지만, '선주민족의 권리'는 인정하지 않았습니다. 우리는 빈 접시를 받은 것 같은 기분입니다. 이솝 우화에 나오는 '여우와 두루미' 이야기를 떠올렸습니다. 여우가 두루미를 초대해서는 납작한 접시에 수프를 대접했더니, 두루미는 부리가 뾰족하고 길어서 먹을 수 없었습니다. 여우는 그 모습을 보며 맛있게 수프를 먹었습니다. 이런 이야기

제1장 아이누의 자랑을 가슴에

라면 곤란합니다.

정부가 시라오이초(白老町)에 '민족 공생 상징공간(우포포이)'를 설립했습니다. 스가(菅) 관방장관이 시라오이초를 방문해 "이로써 아이누의 생활이 나아질 것"이라고 말했지만, 그 장소에서 아이누가 춤을 추고 전통 의식을 보여주는 것으로 아이누의 생활이 나아지는 걸까요? 이것 또한 일본인이 만들어낸 이야기입니다.

'상징공간'에는 박물관 외에도 아이누의 유골을 안치하는 위령 시설을 만들었습니다. 홋카이도대학을 비롯한 여러 대학의 학자들은 전쟁 전부터 이후까지 연구 목적으로 고탄(부락)에서 많은 아이누 유골을 멋대로 가져갔습니다. 이 위령 시설에 전국 대학에 보관된 유골을 안치하는 계획이 진행 중이며, 홋카이도 아이누 협회도 동의했습니다. 그러나 '상징공간'으로 유골을 옮기는 것이 아이누의 존엄한 위령일까요? 홋카이도 아이누 협회의 동의만으로 결정할 수 있을까요? 모든 지역마다 각자의 풍습과 문화가 있으며, 매장 방식도 다릅니다. 콘크리트 건물 안에 안치하고 "일본 정부는 아이누 유골의 존엄한 위령을 실시했다"고 한다면, 거기에는 아이누의 존엄이 고려되지 않은 것입니다. 유해는 땅에 묻는 것이 아이누의 문화입니다.

아이누의 유골을 원래의 장소로 신속히 조용히 돌려주기를 바랍니다. 대학 교수가 구멍을 파서 가져갔다면 파낸 곳으로 돌려주면 됩니다. 우리는 어머니인 대지에서 태어났다고 아버지 다쓰지로가 늘 말했습니다. 그런데 태어난 땅으로 돌아가지 않고 건물 안에서 전시물이 된다면 이는 인간이 할 짓이 아닙니다.

Ⅱ 선주권과 아이누 민족

유골을 되찾기

쇼와 초기에 우라카와초(浦河町) 기네우스(杵臼) 고탄의 아이누 묘지에서 발굴한 12구의 유골이 홋카이도대학의 아이누 납골당에 안치되어 있었습니다. 2012년 기네우스 고탄 출신인 오가와 류키치(小川隆吉) 에카시와 조노구치 유리(城野ユリ) 할머니가 홋카이도대학을 상대로 유골 반환 소송을 제기했으며, 저도 같은 히다카 지역에 사는 아이누로서 지지했습니다. 재판에 참여하면서 아이누 선주민족의 권리에 대해 배웠습니다. 조노구치 유리 할머니는 재판의 중간에 사망했습니다. 얼마나 안타까웠을지를 생각해 봤습니다.

기네우스 부락에서 가져간 12구의 유골 반환을 요구한 재판은 2016년에 홋카이도대학과의 화해가 성립되어 처음으로 유골이 기네우스 부락으로 돌아가게 되었습니다. 7월 15일에 유골을 수습하고, 16일에 가무이노미 의식을 행하고, 17일에 재매장한 후 이찰파(선조 제사)를 진행하기로 결정되었습니다. 저는 히다카 아이누로서 가무이노미의 사제를 맡게 되었습니다. 하지만 유골을 재매장해 본 경험은 없었습니다. 아이누식 장례식은 아버지가 돌아가신 때 마지막으로 진행되었고, 그 이후로는 누구도 해본 적이 없었습니다. 그래서 열심히 조사하고, 우타리(동족)의 가미야(神谷) 씨들에게 도움을 받아 매장 후에 세우는 구와(아이누식 묘비) 제작도 진행했습니다.

그러나 재매장을 앞두고 장인어른이 돌아가셨습니다. 그때는 머릿속이 하얘지고, 매우 난처해졌습니다. 가족 친척의 장례식이 있을 때는 다른 사람의 장례식에 참석할 수 없다는 규칙이 있었고, 참석하면 벌을 받는다고 들었기 때문입니다. 고민하는 저에게 아내는

제1장 아이누의 자랑을 가슴에

반환되는 선조의 유골과 함께 홋카이도 대학 아이누 납골당을 나오는 오가와 류키치 씨＝2016년 7월 삿포로시 (오다 히로시(小田博志) 촬영)

"시아버지(다쓰시로 에카시)는 정의로운 일을 하려는 아이누에게 벌을 내리는 신은 없다고 말씀하셨어요. 당신은 제 아버지의 장례식에 참석하지 않아도 되니, 재매장의 가무이노미를 해주세요"라고 말해 주었습니다. 그 말에 결심이 섰고, 비록 긴장했지만 가무이노미를 무사히 마칠 수 있었습니다. 마지막에 정리하는 작업을 할 때, 조용하던 하늘에서 갑자기 비가 내리기 시작했습니다. 아, 죽은 선조들이 기뻐하고 계시구나 라고 생각했습니다. 재매장 후에도 벌이 내리지 않았습니다.

재매장할 때는 아들 다이키(大喜)가 도와주었습니다. 아들은 재매장을 경험하고는 아이누로서 살아가는 마음이 더 강해졌을 것입니다.

93

Ⅱ 선주권과 아이누 민족

　제가 사는 시즈나이에서는 마을의 묘지 개장 사업으로 인해 1956년에 아이누의 유골이 발굴되었습니다. 홋카이도대학은 마을의 요청을 받아 시즈나이역 앞에 있는 아이누 묘지에서 161구의 유골을 발굴해 가져갔습니다. 그러나 가져간 것은 두개골뿐이었고, 나머지 사지 뼈는 무연고 묘지에 매장되었습니다. 두개골은 대학으로, 나머지는 무연고 묘지에 매장된 것입니다. 죽은 선조의 뼈는 찢겨졌습니다. 이런 끔찍한 일이 있을 수 있습니까? 개장 사업으로 발굴한 유골은 새로운 묘지에 재매장되어야만 마무리되는 것이지만, 아이누의 유골은 대학이 가져간 채로 남아 있기 때문에 개장이 끝나지 않은 것입니다. 히다카의 아이누로 구성된 '고탄의 모임'이 홋카이도대학과 신히다카초(旧 시즈나이초)를 상대로 소송을 제기했습니다. 홋카이도대학은 유골을 반환할 책임이 있으며, 신히다카초는 반환된 유골의 매장을 완료할 책임이 있습니다. 2017년 12월에 제1차 구두 변론이 열렸고, 저는 의견 진술을 했습니다.

　그런데 중간부터 '신히다카 아이누 협회'가 재판에 참여하기 시작했습니다. 그리고 "시즈나이에서 발굴된 유골은 시라오이초의 상징공간에 위치한 위령 시설에 안치해야 한다"고 주장했습니다. 반환을 요구하는 아이누 내부에서 의견이 분분해지며 소송은 교착 상태에 빠졌고, 결국 취하할 수밖에 없게 됐습니다. 게다가 놀랍게도 신히다카 아이누 협회 이사회는 협회 방침에 따르지 않는다는 이유로 유골의 지역 반환을 요구한 우리를 제명 처분하겠다고 한 것입니다. 저는 신히다카 아이누 협회 총회에 참석해 자신의 생각을 밝히고 스스로 탈퇴했습니다. 그리고 뜻을 함께 하는 사람들과 2019년 9월에 시즈나이초 가미모리생활관(神森生活館)에서 새롭게 '시즈나이 아이누 협회'를 설립했습니다. 시즈나이의 많은 아이누가 회원으로 가입해 주었습니다. 시즈나이 아이누 협회가 바로 아이누의 선주권을 주장하는 우리 아이누의 모임입니다.

선조의 유골을 반드시 되찾고 싶습니다. 또한, 나무를 베는 권리, 연어를 잡는 권리, 사슴을 사냥하는 권리, 땅을 얻는 권리를 실현하여 아이누의 삶을 자립시키기로 결심했습니다.

형의 죽음과 에카시의 결심

저는 1954년에 구즈노 가문의 10남매 중 9번째로 태어났습니다. 중학교를 졸업한 후 세 살 위의 형과 함께 본토로 일하러 갔습니다. 첫해는 미에현, 다음 해는 야마나시현에서 철도 케이블 설치 공사를 했습니다. 2미터 정도 깊이의 구멍을 파고 케이블을 설치하는 작업이었는데, 시력이 나빴던 형에게는 "절대 구멍에 들어가지 마라"라고 이야기했습니다. 그러나 마가 낀 것인지 우연히 구멍에 들어가 작업하던 중 흙이 무너져 내려 묻혀버렸습니다. 누군가가 굴삭기로 파려고 했지만, "어디가 머리인지 다리인지 모르니까 손으로 파라"는 소리가 들려 5, 6명이 필사적으로 파냈습니다. 그럼에도 불구하고 흙을 파서 꺼내는 데 30분이나 걸렸고, 결국 살리지 못했습니다. 형이 시신이 되어 집으로 돌아오자, 부모님은 밤마다 울었습니다. 그로부터 벌써 50년이 지났지만, 마음속에는 항상 살리지 못했다는 생각이 있습니다. 잊으려고 애를 쓰지만, 절대로 잊을 수 없습니다.

아버지 다쓰지로는 폐결핵으로 오랜 투병 생활을 했습니다. 어린 시절의 제가 기억하는 것은 병원에 입원해 있는 모습뿐입니다. 형은

Ⅱ 선주권과 아이누 민족

생전에 입원 중인 아버지에게 아이누어를 가르쳐 달라고 했지만, 아버지는 가르쳐 주지 않았습니다. 그런 아버지에게 형은 "아이누어도 모르면서 무슨 아이누야"라고 말했다고 합니다.

아이누는 오랫동안 일본의 동화정책 아래에서 아이누임을 부정당해 왔기 때문에 아버지는 자녀들에게 아이누어를 가르치지 않았습니다. 그러나, "아이누어도 모르면서 무슨 아이누야"라고 말한 형이 젊은 나이에 갑자기 세상을 떠난 것입니다. 그 일이 아버지 다쓰지로를 움직여 선조로부터 물려받은 전통문화와 기도의 언어를 아이누어로 세심하게 기록하는 일을 시작하게 된 것 같습니다. 기록한 노트는 100권을 넘었으며, 구즈노 가문의 보물이 되었습니다. 그 중 일부는 후년 『기무스포(이야기의 창고)』라는 제목으로 출판되었습니다.

형의 죽음으로 저는 홋카이도로 돌아가 1975년 20세 때 대형 2종 운전면허를 취득하고 현지 택시 회사에 취업했습니다. 당시, 히다카 지방의 목장에서 태어난 경주마 '하이세이코'가 인기를 끌고 있었고, 관광객도 적지 않았습니다. 어느 날, 도쿄 방면에서 온 여성이 택시를 탔습니다. 그러더니 "기사님, 저는 아이누 사람을 만나 보고 싶습니다"라고 말했습니다. 그래서 "앞의 커브를 돌면 보여 드릴게요"라고 말하고 커브를 돌자 차를 세우고는 "내가 아이누예요"라고 말했습니다. 여성은 놀라며 "아이누가 일반 사람인 줄 몰랐어요. 실례했습니다"라고 말하자, "당신들은 배우지 않았으니 괜찮아요. 어쩔 수 없죠"라고 답했습니다. 아이누는 곰과 들판에서 사는 줄 알았을까요?

내각부는 2018년 '아이누 정책에 관한 여론조사' 결과를 발표했습니다. 전국 3000명을 대상으로 조사했으며, 유효 응답은 1710명입니다. "아이누라는 민족이 존재한다는 것을 알고 있나요?"라는 질문에 5.3%가 "모른다"고 답했습니다. 30대는 10%에 가까운 사람들이 모르고 있었습니다. 최근에도 이런 상황입니다. 전후 일본 정부가 아이누에 대해 알리지 않으려는 정책을 얼마나 강하게 추진했는지 보여주는 수치라고 생각합니다.

제가 젊었을 때는 아이누 선주민족이라는 용어가 법제화되지 않았기에 이런 일도 있었습니다. 택시 운전을 시작해서 몇 년 후, 아오모리에서 시즈나이의 친척 집으로 이사 온 여성 승객을 태웠습니다. 그녀는 귀여웠고, 저로서는 처음으로 마음을 빼앗겼습니다. 그 사람은 말이 적어서 제가 많이 이야기했습니다. 딱 한 번 시코쓰 호수(支笏湖)까지 가서 식사를 했습니다. 어느 날, 그 여성의 집으로 차를 몰고 가니, 그 사람의 2층 방에서부터 A4 노트의 끝부분이 한 장 날아왔습니다. 거기에는 '당신이 아이누 사람이라서 사귈 수 없습니다.'라고 쓰여 있었습니다.

그 후로도 그 집 앞을 지나갈 때마다 2층 창문에 불이 켜져 있는지 올려다보곤 했습니다. 그러던 어느 날, 무전으로 그 집에 배차되었습니다. 그녀가 여행용 가방을 들고 나왔습니다. 어디까지 가냐고 묻자, 역이라고 해서 아오모리로 돌아가는 거라고 바로 알았습니다. 가슴이 막혀 말이 나오지 않았고, 그 사람도 말이 없어서 아무 말 없이 역에 도착했습니다. 그게 마지막이었습니다. 그때 처음으로 아이누라는 것, 일본인과의 차이를 실감했던 것 같습니다.

택시기사 일은 26세에 그만두었습니다. 저는 37세에 결혼해 네 자녀를 두었습니다.

Ⅱ 선주권과 아이누 민족

대를 잇는다는 것

생전 아버지 다쓰지로의 집에는 아이누 연구자 등이 많이 찾아왔지만, 제가 이야기에 참여하는 일은 없었습니다. 대화 내용은 항상 문 너머로 들렸기 때문에, 조금씩 아이누의 전통 등을 기억하고 있었지만, 제가 직접 가르침을 받은 적이 없었고, 저도 묻지 않았습니다. 아버지의 뒤를 이으려고 생각한 것은 아버지가 돌아가신 42살 무렵이었던 것 같습니다.

돌아가시기 직전, "아버지, 돌아가신 후에는 어떻게 할까요?"라고 물었습니다. 그러자 "그래, 화장하면 뜨거울 테니까"라고 말했습니다. 이어서 "하지만 아직 이대로는 죽을 수 없어. 전쟁에서 죽은 사람들이 내 등에 타고서는 전쟁을 멈춰달라고 외치고 있어. 그 생각을 하면 죽으려 해도 죽을 수가 없어"라고 말했습니다.

아버지 다쓰지로는 1944년에 요코스카해병단(橫須賀海兵団)에 입대했지만, 폐결핵 진단을 받고 고향으로 돌아와 목숨을 건졌습니다. 전쟁은 서로를 향해 총을 쏘고, 남의 것을 빼앗는 것뿐 아니라, 무고한 시민들에게도 끔찍한 일을 저질렀습니다. 아이누도 아이누모시리(아이누의 땅)를 빼앗기고, 그들의 문화와 풍습을 강요당했습니다. 그런 역사를 알고 있기 때문에, 아버지는 정말로 싸움을 싫어하셨던 것 같습니다.

아이누의 장례식은 전쟁 후 한동안 토장(土葬)이었지만, 점차 일본식 화장으로 바뀌어 갔습니다. 아버지가 "태우면 뜨겁겠지"라고 말한 것은 장례식을 아이누프리(아이누식)로 치르고 싶다는 의미였습니다. 이전부터 인간은 땅에서 태어나 땅으로 돌아가는 것이라고 말

제1장 아이누의 자랑을 가슴에

기네우스 부락에서 재매장 의식을 주관하는 구즈노 지로 씨＝2016년 7월, 홋카이도 우라카와초(浦河町) (오다 히로시(小田博志) 촬영)

해왔습니다. 마을 사무소에 토장이 가능한지 물어봤습니다. 그러자 "구즈노 씨, 이제 와서 왜 토장을 하려고 하나요?"라고 말했습니다. 그런 말을 듣는 것은 참을 수 없었습니다. 아이누에게 아이누식으로 장례를 치르는 것은 당연한 일입니다. 그래서 아버지의 장례를 아이누식으로 치렀습니다.

또 하나, 아버지 다쓰지로가 저에게 남긴 말이 있습니다. 그것은 자신이 세운 돌무덤을 부수어 달라는 것이었습니다. 형이 죽었을 때, 아버지는 구즈노 가문의 무덤을 만들었습니다. 대리석에 '구즈노 가문의 묘'라고 새긴 돌무덤입니다. 아버지는 포도주를 마시며, "돌무덤에 손을 모으는 것이 싫다. 돌에는 아무것도 없다. 무덤을 부수라"고 말했습니다. 아버지는 에카시로서 누군가가 죽으면

99

가무이노미를 했습니다. 가무이노미를 하면 신문사에서 취재를 오기도 합니다. 선조에게 제물을 올리고, 뱀의 신, 까마귀 신, 곰의 신, 자연계의 모든 만물에 신주를 올리고 기도문을 바칩니다. 이것이 아이누프리입니다. 그러나 한편으로, 자신이 세운 구즈노 가문의 무덤이 일본식 돌무덤으로 된 것은 논리적으로 맞지 않다고 생각했습니다. 마음속에 상당한 갈등이 있었기에 나에게 부수라고 말했을 것입니다.

아이누 문화란 태어나서 죽을 때까지의 일생을 말하는 것이라 생각합니다. 평생에 다양한 일을 하며 죽을 때 아이누식으로 장사하는 것이 아이누의 문화입니다. 아버지 다쓰지로는 자신의 아내가 죽었을 때도 장남이 죽었을 때도 그렇게 하지 못해 후회했을 거라고 생각합니다.

2016년에 기네우스에서 재매장이 있었고, 그 다음 해에는 도카치(十勝)의 우라호로(浦幌)에서도 재매장이 있었습니다. 두 번의 재매장에서 가무이노미를 한 저는 아이누로서 아이누의 종교를 지키고자 결심하고, 가족과 주변 사람들과 상담한 끝에 돌무덤을 허물기로 결심했습니다. 무덤에는 어머니와 형의 유골이 들어 있습니다. 두 사람의 구와(조각 기둥)를 만들기 위해 산에 들어가 2018년 6월 무덤을 철거했습니다. 두 사람의 유골을 다시 깊이 매장하고 구와를 세우고 집으로 돌아가 가무이노미를 했습니다. 구즈노 사람들은 마침내 아이누가 원래 행해온 아이누식대로 땅으로 돌아갔습니다. 무덤의 개장식을 마친 후 아버지도 기뻐하셨을 거라고 생각하니 마음이 편해졌습니다. 그 후 이모가 돌아가셨지만, 이모의 장례식도 아이누 전통에 따라 진행했습니다. 아이누로서 살아가는 길이 보이기 시작했다고 생각했습니다. 선조들은 제 결심을 어떻게 받아들이고 계실지 꼭 말씀을 듣고 싶습니다.

미래로 이어지다

차남 다이키는 현재 대학원에서 아이누 문화 연구자의 길을 걷고 있습니다. 후지무라 히사카즈(藤村久和) 씨의 제자로 들어간 셈이지만, 후지무라 씨는 사실 제 아버지 밑에서 약 반세기 동안 공부해 온 사람입니다. 다쓰지로 에카시로부터 구술 조사한 테이프도 가지고 있습니다. 따라서 다이키는 저를 통해 간접적으로 다쓰지로 에카시의 이야기를 듣는 것이 아니라, 더 가까운 형태로 배울 수 있는 환경을 선택한 것입니다.

다이키는 아이누 청년을 대상으로 한 장학금 제도로 삿포로대학교에 입학할 때, "공무원이 되어 아버님께 집을 지어 드리겠다"고 말했지만, 1년도 되지 않아 "공무원은 그만두겠다. 아이누를 연구하겠다"고 저에게 고백했습니다. 그때 제가 바로 해 준 말은 "아이누를 해도 돈을 벌 수 없을 거야"였습니다. 돌아오는 말은 없었지만, 제 마음속 70%는 기쁨이었고, 나머지 30%는 걱정이었습니다. 다이키는 장학금을 받을 때 같은 대학의 학생들로부터 비난을 받았다고 합니다. 좋아, 그렇다면 아이누와 직면하자 그렇게 결심한 게 아닐까요?

아버지 다쓰지로는 일본 정부의 동화 정책이 에조 지방에 밀려 들어오고, 패전 이후 열도 개조론으로 사회가 혼란스러워져도 흔들리지 않았습니다. 신념을 지키며 노트에 아이누어를 계속해서 기록했

Ⅱ 선주권과 아이누 민족

고, 100권 이상을 남겼습니다. 말하자면 '비국민'을 고수한 것입니다. 그 노트에는 무엇인가를 비판하는 말은 거의 쓰지 않고, 아이누의 의식, 옛날이야기, 옆집 할아버지에게 들은 이야기, 어머니 부모님에게 들은 이야기 등을 묵묵히 기록했습니다.

2019년 겨울, 불단을 부수려고 정리하다가 아버지 다쓰지로가 남긴 대학 노트가 새롭게 2권 발견되었습니다. 105권째와 106권째입니다. 읽어보니, 마지막 부분에 다이키의 일이 기록되어 있었습니다. 저에게는 네 명의 자녀가 있지만, 당시 1살이었던 다이키에 대한 내용만 기록되어 있었습니다. 왜 그랬는지 궁금했습니다.

아이누어로 이렇게 기록되어 있었습니다.

다이키 마와시누 키노 오우레아스 키와, 시오이나카무이 코온카미, 키.

다이키는 건강하게 성장해 존귀한 신에게 예배를 드릴 것이라는 의미입니다. 당시 장남도 어려서 '아이누는 싫다'고 말한 적이 없었는데, 왜 둘째 아들 다이키가 신에게 예배를 드린다고 썼을까를 생각했습니다. 실제로, 다쓰지로 에카시의 말대로 다이키는 아이누를 연구해 미래에 이어가려고 하고 있습니다.

2019년 10월 5일, 키우스 고탄 묘지에 홋카이도대학이 추가로 반환한 아이누 유골 3구의 재매장이 있었습니다. 가무이노미, 이찰파가 진행되었습니다. 묘지 옆에 전국에서 모인 기부금을 사용해 재매장 기념비가 세워졌습니다. 다이키가 생각해준 이타쿠(말씀)가 다음과 같이 새겨져 있습니다.

제1장 아이누의 자랑을 가슴에

우타리 아에카시누카루

포네 오시니키 타테켄루 아카루키와
아이누우타리 우코라민카레 안키아와
시탄네파이카 아에모시마 키와
아판페오시케 키아코로카
테운노아나쿠 시알몬사모로타
네프누싯키 키이카 코이삼노포
오몬랏치노 시니 키쿠니푸 네루웨타판나
메챳코네와 투맘네와
타안라쿤모시리 코호츠파키
신릿네 우타리 오이나네레키와 이코레키얀

동지를 맞이하여

이곳에 잠든 아이누 우타리들은
오랫동안 납골당에 갇힌 채
지속적으로 연구의 대상이 되어 왔습니다.
모욕을 받아왔지만,
지금은 극락정토에서
걱정이나 고통 없이
평안히 쉬고 계실 것입니다.
고난을 견디며,
유골을 이 땅에 남겨두고 가신

Ⅱ 선주권과 아이누 민족

선조들을 존경하며 소중히 여겨 주시기 바랍니다.

ii 사할린 아이누의 '전후'

나라키 기미코(楢木貴美子)
사할린 아이누 협회 부회장. 1948년 출생. 사할린 아이누 자수 전통 공예의 일인자로, 사할린 아이누의 역사와 문화 전승 활동에 활발히 참여하고 있다.

반농반어의 개척지 생활

사할린 아이누는 자신을 '엔치우'라고 부릅니다. 엔치우는 사할린 아이누어로 '인간'이라는 의미입니다.

엔치우는 1933년의 강제 동화 정책으로 일본 국적을 강요받았기 때문에, 제2차 세계대전 말기 소련군의 침공으로 일본 본토로의 이주를 강요받았고, 대대로 전해 내려온 물건을 모두 버리고 도망칠 수밖에 없었습니다. 강제 이주를 강요받은 제 부모님과 형제자매, 그리고 모친의 할아버지는 아버지의 고향인 아오모리현(青森県) 히로사키시(弘前市)로 피난했습니다. 그곳에서 저는 1948년, 어머니(엔치우)와 아버지(일본인) 사이의 8남매 중 막내로 태어났습니다.

사할린을 철수할 때는 약 30kg까지 소지할 수 있었지만, 그 외 모든 재산은 소련군에 인계해야 했고, 소지금은 검사를 받아 한 푼도 가질 수 없었습니다. 하코다테(函館)에 상륙한 후, 철수 지원국에서

한 가족당 천 엔과 군대가 사용한 이불과 신발이 배급되었다고 합니다. 히로사키에서 몇 년을 보낸 후, 아버지가 돌아가셨습니다. 남은 가족은 제가 3살 때 홋카이도 소야(宗谷) 관내 도요토미초(豊富町) 와카사카나이(稚咲內)로 이주했습니다. 엔치우의 동포들이 차례로 정착했다는 소식을 듣고, 우리 가족도 가기로 결심한 것입니다.

와카사카나이는 1948년 농산어촌 진흥 대책으로 어업 개발 지역으로 지정되어 반농반어 생활로 정착이 시작되었습니다. 사할린의 마오카(真岡) 남쪽에서 어업을 하던 사람들이 차례로 이주해 총 가구 수가 136가구에 달한 시대였습니다. 어머니와 할아버지는 임시로 움막을 짓고 삽과 낫으로 개간을 시작했습니다. 약간의 쌀 배급이 있었지만, 턱없이 부족했고, 정착 당시 봄에 종자 감자의 배당도 있었지만, 식량 부족의 고통으로 종자 감자의 절반을 먹어 버리는 지경이었습니다. 밭에 감자, 옥수수, 호박을 심었습니다. 1955년경부터 청어 어업이 부진해지자, 농업만 하는 사람도 있었지만, 농업에 불리한 조건의 땅에서 농업을 그만두는 사람들이 속출했습니다.

엔치우인 어머니는 1907년 사할린의 마오카 남쪽 광지촌 다란토마리(多蘭泊)에서 태어나 1992년 58세로 세상을 떠났습니다. 인생의 약 절반을 사할린에서 고생했으며, 일본에 온 후에도 고생의 연속이었습니다. 어머니는 노년에 몸이 쇠약해져 조금만 넘어져도 골절될 정도로 되었습니다.

현재 와카사카나이에는 항구가 있지만, 어릴 적에는 항구가 없었고, 모래사장이었습니다. 와카사카나이는 작물을 재배하기 어려운 땅이었고, 그곳에 모인 엔치우들은 모두 힘든 생활을 하고 있었습니다. 우리 집은 반농반어업으로, 봄이 되면 해변의 임시 숙소로 이사해 목조 배로 봄에는 청어 어업, 여름에는 함박조개, 가을에는 연어 등을 잡았습니다. 당시에는 차가 없던 시대였기 때문에, 주로 말이 동력으로 사용되었습니다. 아이들도 도움을 주어야 했고, 언니들과 함께 일했습니다. 말똥을 삼태기에 담아 등에 지고 밭으로 운반해 비료로 사용하거나, 장작을 줍거나 장작을 패는 일, 물 길어오기, 램프의 유리 갓 닦기 등, 도와야 할 일은 산더미처럼 많았습니다. 여름에는 밤에 배를 내어 고기를 잡는 경우도 있었고, 그런 때는 아직 어렸던 제가 등대 대신 모래사장에서 불을 피운 적도 있었습니다.

늦가을이 되면 해변의 판야(어업용 임시 숙소)에서 산에 있는 집으로 옮겨 살았습니다.

그 당시에는 바람과 조류의 영향으로 겨울에 와카사카나이에도 유빙이 떠내려오는 일이 있었습니다. 그럴 때면 다시마 등이 해변으로 밀려와서, 그것을 주워 모으곤 했습니다. 할아버지는 자주 도마 위에서 다시마를 가늘게 채 썰어 국에 넣어 드셨습니다. 그 무렵 우리들의 간식은 산딸기, 해당화 열매, 뽕나무 열매, 산포도 등 자연에 있는 것뿐이었습니다. 여름철에 바닷가에서 배를 타고 고기잡이를 하고 돌아오면, 도요토미초 상점의 아저씨가 자전거에 식료품과 과자를 가득 싣고 와서, 생선과 물물교환을 했습니다. 그때는 무척 기뻐서 어떤 과자를 받을 수 있을까 두근두근 기대하곤 했습니다.

생활이 가장 힘든 시기는 겨울에서 봄에 걸친 때였습니다. 겨울에는 오빠들이 일하러 나가서 돈을 보내주었지만, 여전히 돈이 부족해서, 막내인 저는 입을 줄이기 위해 아이가 없는 친척 집이나 남의 집에 맡겨졌습니다. 그래도 저는 외롭지 않았습니다. 왜냐하면, 우리 집에 있으면 간식이 없었지만, 다른 집에 가면 캐러멜이나 과

자를 받을 수 있었기 때문입니다.

배고픔 속에서 돌아가신 할아버지

1955년경이 되자 청어가 전혀 잡히지 않게 되었고, 생선 찌꺼기를 삶는 데 사용하던 청어 솥은 금세 노천 목욕통으로 변했습니다. 저와 언니는 근처 우물에서 양동이로 물을 퍼 날라 목욕통 솥을 채우고, 자작나무 껍질을 벗겨 불쏘시개로 삼아, 해변에 떠밀려온 유목으로 불을 피웠습니다.

청어 솥 목욕통은 해변 가까이에 있어서 바다에 떠 있는 리시리후지(利尻富士)를 바라보며 목욕을 했습니다. 어스름이 내리면 반딧불이 날아다니고, 더 어두워지면 하늘에 펼쳐진 아름다운 별빛을 바라보며 목욕하는 것은 평소의 피로를 풀어주는 시간이었습니다. 돌이켜보면, 가혹한 자연환경 속에서의 생활이었지만, 청어 솥 목욕통에 들어갈 때만큼은 가족 모두가 더없이 행복한 시간이었습니다.

할아버지가 도요토미초 병원에 입원하신 적이 있었습니다. 언니 둘과 저, 세 명이서 와카사키나이에서 약 16킬로미터 거리의 길을 걸어 할아버지 병문안을 갔습니다. 돌아오는 길에 도요토쿠(豊德) 마을에 있는 전분 공장에 들러 공장 밖에 버려진 2등 전분과 3등 전분을 가져왔습니다. 새하얀 1등 전분은 상품으로 만들지만, 2등, 3등 전분은 색이 검어서 상품이 되지 못해 버려지는 것이었습니다.

그 가루를 집에 가져와 어머니께 전분 경단을 만들어 달라고 했습니다. 소금 맛만 나는 전분 경단은 따뜻할 때는 부드럽지만, 식으면 딱딱해지고 갈라져서 맛이 없었습니다. 그런 전분 경단을 학교에

Ⅱ 선주권과 아이누 민족

자신이 직접 수놓은 민족의상을 입은 히노키 기미코 씨(오른쪽)와 어머니.
어머니는 오타루에서 산나물을 채취해 팔며 가족을 부양했다(나라키 기미코 제공).

도시락으로 가져간 적도 여러 번 있었습니다. 정말로 가난한 생활이었습니다. 청어가 잡히지 않게 되면서 우리 집의 생활은 더욱 궁핍해졌습니다.

당시 와카사카나이의 학교는 복식 학급으로, 1학년과 2학년이 같은 교실에서 선생님도 한 분뿐이었습니다. 우리 집에서는 셋째 오빠가 어린 저를 업고 학교에 데려다주곤 했다고 합니다. 작년에 병원에 입원해 있던 오빠를 문병갔을 때, 오빠는 제게 "네가 내 등에 업혀 있을 때 오줌을 싸서 반 친구들에게 웃음거리가 됐다"고 이야기해 주었습니다. 병원에서 집으로 돌아오는 길에 그 이야기가 떠올라 흐르는 눈물에 울면서 차를 운전했던 기억이 있습니다.

제1장 아이누의 자랑을 가슴에

학교에서 또 하나, 잊을 수 없는 일이 있습니다. 와카사카나이에는 엔치우 뿐만 아니라, 사할린 등에서 돌아온 일본인들도 함께 있었습니다. 학교에서 돌아오는 길에는 거의 매일 같이 일본인 아이들이 저를 기다리고 있었습니다. 돌을 던지거나, 눈 속에 머리를 밀어 넣는 등 심한 괴롭힘을 당했습니다. 엔치우는 주로 북쪽 지역에 많이 살았지만, 우리 집은 남쪽 지역이어서 낙농이나 농업을 하는 일본인들이 많이 살고 있었습니다. 괴롭힘을 당한다는 사실을 부모님께는 좀처럼 말할 수 없었지만, 그때 느꼈던 분한 마음은 아직도 잊을 수 없습니다.

그런 와카사카나이였지만, 즐거웠던 일도 있었습니다. 바로 축제입니다. 신사에는 스모 도효(씨름판)가 있어서 남자들이 마와시를 두르고 스모를 했고, 밤이 되면 학교에서 영화 상영회가 열렸습니다. 입장료가 들었지만, 우리는 날이 어스름해지면 부모님 몰래 학교에 가서 교실 창밖에서 까치발을 하고 들여다보며, 어렴풋이 보이는 큰 화면에 가슴이 설레곤 했습니다.

와카사카나이에는 1875년의 쿠릴 열도·사할린 교환조약으로 사할린에서 소야로, 그리고 그 이듬해에 소야에서 쓰이시카리(対雁)(지금의 에베츠시(江別市))로 강제 이주당한 엔치우의 자손들이 살고 있어, 자주 얼굴을 마주쳤습니다. 어린 저로서는 그런 장대한 역사가 있었던 것을 알 길이 없었지만, 어른이 되어 그 사실을 알게 되었을 때는 매우 감회가 깊고, 애잔한 마음이 들었습니다.

초등학교 4학년 때의 일입니다. 와카사카나이의 겨울은 눈이 매우 많아서 눈이 많이 내린 아침에는 허리까지 쌓인 눈 속을 걸어가며 등교했습니다. 학교에 도착하면 바지는 꽁꽁 얼어 있었고, 교실의 석탄 난로에 쬐면 바지에서 김이 모락모락 올라올 정도였습니다. 그런 겨울 어느 날 오후, 안쪽 방 이불 속에 누워 계시던 할아버지가 천천히 일어나 앉으시더니, "배고프구나, 배가 고프면 갈 데도 못 가겠구나"라고 말씀하셨습니다. 곁에 있던 어린 저는 아무것도 할 수 없어서 그저 울기만 했습니다. 어머니는 이웃 마을 오톤루이(지금은 폐촌)에 나가셔서 집에 안 계셨습니다. 어머니가 집에 돌아오기 전에 할아버지는 여든여덟 살의 생을 마감하셨습니다. 지금 같으면 좋아하는 음식을 배불리 드시게 해드릴 수 있을 텐데, 그때를 떠올릴 때마다 눈물이 납니다. 어린 시절 저의 꿈은 "배불리 하얀 쌀밥을 먹고 싶다"는 것이었습니다.

청어가 잡히지 않게 되면서 우리 집의 생활은 더욱더 어려워졌습니다. 오타루(小樽)에서 장사를 하던 맏언니가 오빠와 언니들을 불러 모으고, 할아버지가 돌아가신 뒤 얼마 지나지 않아 저와 어머니도 오타루로 이사했습니다. 기차 요금은 청어 솥을 팔아서 마련했습니다.

언젠가 고향의 대지에…

엔치우인 할머니는 49세 때 사할린에서 돌아가셨습니다. 어머니의 남동생들도 모두 어릴 적 사할린에서 세상을 떠났습니다. 저의 언니 중 한 명도 사할린에서 세상을 떠났습니다.

2011년에 저와 바로 위의 언니는 조사단에 참가해 처음으로 고향인 사할린을 방문했습니다. 어머니와 형제자매들이 태어나고 자란 마오카군 다란토마리를 찾아가, 과소화가 진행되고 있는 다란토마리의 풍경을 영정 속의 어머니께 보여드렸습니다. 사할린 아이누

협회 회장인 다자와 마모루(田澤守) 씨와 언니, 그리고 저는 풀이 무성하게 자란 덤불을 헤치며 산 위에 있다고 들은 묘지를 찾았습니다. 그곳에 잠들어 계신 조상님들께 두 손을 모아, 덕분에 자손인 저희가 건강하게 잘 살고 있다고 보고드렸습니다.

일본의 여러 대학에서 연구 목적으로 묘지에서 아이누의 유골을 많이 가져갔다는 사실을 알았을 때는 정말로 슬픈 마음이 들었습니다. 홋카이도 아이누뿐만 아니라 엔치우의 유골도 가져갔습니다. 엔치우인 저로서는 하루라도 빨리 태어나고 자란 그리운 고향 땅에 유골을 돌려드리고 싶다는 마음이 가득합니다. 대학이나 박물관, 해외로 반출된 아이누의 유골은 본래 그곳에 있어서는 안 되는 것이라고 생각합니다. "사람은 죽으면 흙으로 돌려보내야 한다." 저는 그것이 인간의 도리라고 믿고 있습니다.

일본의 최북단 소야미사키(宗谷岬)에 서면 맑은 날에는 약 4킬로미터 너머에 사할린섬이 희미하게 보입니다. 쿠릴 열도·사할린 교환 조약에 의해 소야로 강제 이주당한 엔치우들은 멀리 보이는 사할린을 바라보며 얼마나 고향에 돌아가고 싶었을까요. 그 바람도 이루지 못한 채, 이듬해에는 더욱 억지로 배에 태워져 내륙의 쓰이시카리로 끌려갔습니다. 그때의 우타리(동포)들의 심정이 얼마나 아팠을지 짐작조차 할 수 없습니다.

매년 6월 셋째 주 토요일, 쓰이시카리의 에베쓰시에서 운영하는 묘지에서 강제이주로 인해 세상을 떠난 엔치우의 위령제를 지내고 있습니다. 위령제 후에는 에베쓰역 근처의 신간지(眞願寺)에서 친목회도 열고 있습니다.

작년에는 폴란드와 일본의 국교 100주년을 기념하여 홋카이도

Ⅲ 선주권과 아이누 민족

아이누와 엔치우 여성, 그리고 폴란드 여성들이 삿포로와 도쿄에서 공연을 했습니다. 메이지 시대에 폴란드의 민족학자 브로니스와프 피우스쓰키와 엔치우 여성 주후산마가 결혼한 일도 있어, 폴란드 사람들은 엔치우에 대해 매우 호의적입니다. 저는 삿포로에 온 폴란드 여성들을 안내하여 메이지 시대에 엔치우가 강제 이주당했던 쓰이시카리를 방문했습니다. 당시 엔치우가 살던 곳은 이시카리강(石狩川)의 강바닥이 되었고, 나머지 절반은 하천 부지가 되었습니다. 이곳에서 살던 엔치우들은 1879년부터 1887년에 걸쳐 퍼진 콜레라와 천연두 감염병으로 인해 약 400명의 소중한 생명이 희생되었습니다. 주러(駐露) 특명전권공사로서 쿠릴열도·사할린 교환조약에 조인한 에노모토 다케아키(榎本武揚)는 이 쓰이시카리에서 불하받은 10만 평의 토지를 소유하고 있었는데, 그곳에 엔치우를 강제로 데려와 농업에 종사하게 하려 했던 것으로 보입니다.

현재 하천 부지 근처의 국도 274호를 건너면 그곳에는 에노모토 공원(榎本公園)이 있고, 높은 대좌(台座) 위에 말을 타고 한 손을 앞으로 가리키는 에노모토 다케아키의 동상이 세워져 있습니다. 엔치우인 저는 이 땅을 방문할 때마다 지배하는 자와 억압받는 자의 차이가 이렇게도 크다는 사실에 분노를 느낍니다.

엔치우 조상들의 유골을 원래 고탄의 땅에 돌려주고 싶어도, 국가 간의 문제로 인해 쉽게 실행할 수 없는 큰 벽이 있습니다. 그럼에도 불구하고, 이런 일이 두 번 다시 반복되지 않도록 역사를 제대로 바라보고, 언젠가 조상들의 유골이 고향의 대지로 돌아가 평안히 쉴 수 있는 날이 오기를 엔치우인 저는 간절히 바라고 있습니다.

제1장 아이누의 자랑을 가슴에

iii 선주민족으로서 살아가기

사시마 마사키(差間 正樹)
우라호로(浦幌) 아이누 협회 전 회장. 1950년 우라호로초(浦幌町) 아쓰나이(厚内)에서 태어남. 어업인. 2009년부터 우라호로 아이누 협회 회장을 역임했으며, 현재는 명예회장. 선조의 유골 반환에 힘쓰며, 연어 포획권 회복을 목표로 하고 있다.

아이누임을 숨기지 않고

저는 어머니가 도카치부토(十勝太) 출신, 아버지가 시라누카(白糠) 출신인 아이누입니다. 아이누라는 이유로, 어릴 적부터 말로 표현할 수 없는 고통을 겪어왔습니다. 그 고통이 트라우마가 되어, 지금도 가슴이 답답해지는 일이 자주 있습니다.

저는 자신을 우라호로 마을 주민이자 홋카이도 주민, 일본 국민으로 생각하며 살아왔습니다. 그러나 성장하면서 주변 사람들이 저를 보는 시선이 뭔가 다르다는 것을 느꼈습니다. 자신이 주변보다 어딘가 열등하기 때문이라고 생각하며, 자신감을 잃고 자기 혐오에 빠지기도 했습니다. 하지만 여러 가지를 생각하다 보니, 주변의 시선이 '민족 차별' 때문일 수도 있다는 생각을 하게 되었습니다. 그 이후 홋카이도 우타리 협회 우라호로 지부(현재는 우라호로 아이누 협회)에 가입했습니다. 그럼에도 불구하고 좀처럼 아이누로서의 활동을 할 수 없어 꽤나 힘들었습니다. 하지만 자신이 아이누임을 숨기고

113

Ⅱ 선주권과 아이누 민족

홋카이도대학의 아이누 납골당에서 지역 묘지에서 발굴되어 수집된 선조의 유골을 마주한 사시마 마사키 씨. 유골은 나무 상자에 안치되어 있었다.= 2015년 8월, 삿포로시에서 (히라타 쓰요시平田剛士 촬영)

생활하면 상대방은 오히려 그 점을 집요하게 파고들어 저를 향해 온다는 것을 깨달았습니다. 그래서 "그래요. 저는 아이누입니다"라고 답하면 상대의 태도도 크게 달라지기 시작했습니다. 비웃는 듯한 태도에서 조금은 제대로 상대해 주는 쪽으로 바뀌는 것이었습니다.

홋카이도대학 의학부가 도내 각지의 아이누 묘지를 파헤쳐 모은 아이누 유골이 홋카이도대학의 납골당이라 불리는 건물에 보관되어 있었습니다. 그 수는 1,000구가 넘습니다. 홋카이도대학이 매년 실시하던 이찰파(위령제)에 저도 참가했는데, 그때 유골은 플라스틱 상자에 담겨 있었습니다. 저는 우타리 협회 전도총회(全道総会)에서 "공구함도 아니고, 플라스틱 상자에 담겨 있으니 존엄성도 아무것도 없다"고 발언했습니다.

그러자 그다음 해에는 모든 유골이 흰 나무 상자에 다시 담겨 있었습니다. 이상한 기분이 들었습니다. 홋카이도대학은 플라스틱이 나쁘다면 흰 나무 상자에 넣어두면 된다고 생각한 걸까. 파헤쳐진 지역에 가서 어디에서 발굴했는지, 유골의 관계자를 조사해 볼 생각은 없는 건가?

도대체 우리는 지역사회에서 정말로 주민으로 인식되고 있는 걸까. 연구자들은 우리를 피해자로 인식하고 있는 걸까. 단순한 연구대상으로만 보고 있는 것은 아닐까. 2013년, 홋카이도대학 총장이 납골당의 이찰파에 참석했지만, 사과의 말은 한마디도 없었습니다. 저의 기대는 저버려졌습니다. 이때 저는 홋카이도대학이 혹시 우리 조상의 유골을 파헤쳐 가져간 일을 범죄라고 생각하지 않는 것이 아닐까 하는 생각이 들었습니다.

조상님께 평온한 안식을

2012년, 존경하는 오가와 류키치(小川隆吉) 에카시와 조노구치 유리후치(城野ロユリフチ)가 홋카이도대학을 상대로 소송을 제기했습니다. 두 분이 태어나고 자란 우라카와마치(浦河町) 기네우스(杵臼) 아이누 묘지에서 반출된 유골의 반환을 요구하는 소송입니다. 조사해보니 제가 살고 있는 우라호로초(浦幌町)에서도 아이우시(愛牛) 지역에서 68구, 도카치부토 지역에서 1구가 발굴된 사실이 알게 되었습니다. 아이우시와 도카치부토 모두 도카치강 유역에 예전 고탄이 있던 곳입니다. 그 아이누 묘지에서 약 80년 전 홋카이도대학 의학부의 고

115

다마 사쿠자에몬(児玉作左衛門) 교수 일행이 유골을 파내어 가져간 것입니다.

당시 연구는 두개골 형태로 민족적 우열을 판단한다는 등 전혀 근거 없는 것이었습니다. 고다마 씨의 책을 읽어보니 "(아이누에는) 죽은 사람의 두개골에 구멍을 뚫는 풍습이 있는 사람들이 있다"고 쓰여 있었습니다. "말도 안 되는 소리를"이라며 혈압이 오를 정도로 분노했습니다. 게다가 연구를 위한 발굴이라면서 필드 노트는 행방불명되었고, 발굴 경위는 아직도 불분명합니다. 우라호로에서 가져간 유골은 우라호로로 돌려달라. 우리는 현지에서 조상의 뼈를 위령하고 싶다. 2014년 5월, 우리 우라호로 아이누 협회는 68구의 유골 반환을 요구하며 소송을 제기했습니다. 오가와 류키치(小川隆吉) 에카시님들의 소송에 이은 것이었습니다.

홋카이도대학은 처음에 "제사 상속자가 아니면 반환할 수 없다"고 말했습니다. 하지만 유골의 상속이나 제사 상속자라는 민법 용어는 우리 문화와 맞지 않습니다. 아이누는 묘지에 매장한 후에는 그대로 두는 것입니다. 홋카이도대학은 이를 '무연고 묘지(無緣墓地)'라며 자신들의 묘지 파헤침을 정당화하고 있습니다. 그것은 우리 문화에 대한 모독이라고 생각합니다.

우리는 조상의 뼈가 흙 속에서 평온히 잠들기를 바랍니다. 그렇게 함으로써 조상님들은 신의 세계와 우리 세계를 오가고 있습니다. 그 평온한 잠을 방해하는 일을 해서는 안 됩니다. 이것이 우리에게 전해 내려오는 가르침입니다.

2016년, 오가와 에카시 일행과 홋카이도대학은 화해하여 기네우스 묘지의 유골 12구가 납골당에서 기네우스 묘지로 돌아왔습니다.

제1장 아이누의 자랑을 가슴에

재매장의 가무이노미를 마무리하는 사시마 마사키 씨= 2017년 8월, 홋카이도 우라호로초에서 (오다 히로시小田博志 촬영)

그 이듬해 3월, 우리 우라호로 아이누 협회와 홋카이도대학의 화해도 성립되었습니다. 우라호로에는 3구의 유골과 부장품 68점이 돌아오게 되었습니다. 홋카이도대학 납골당 선반에 오랫동안 방치되어 있던 조상들의 유골이 드디어 우리 땅으로 돌아오게 된 것입니다. 우리 땅에 다시 매장하여 조상님들이 평온히 잠드실 수 있는 길이 열렸습니다.

우리는 돌아온 조상들의 뼈를 화장하지 않고 그대로 고향 땅에 다시 매장했습니다. 아이누의 역사 속에는 '재매장'이라는 문화가 없습니다. 우리는 재매장이나 조상을 위령하는 의식의 방법을 많은 동포들의 협력을 얻어 손으로 더듬어 가며 마음을 담아 진행했습니다.

117

우라호로 아이누 협회 회원들은 저를 비롯한 젊은 아이누들도 어부입니다. 바다에 나가 고기잡이를 하고, 그 틈을 비워 잠도 줄이면서 의식을 준비했습니다. 모든 것이 처음 겪는 일이었습니다. 수제 직기로 꽃돗자리를 짜고 버드나무 가지를 깎아 이나우(신에게 바치는 나무 장식)를 만들었습니다. 이렇게 해서 조상의 영혼을 맞이하는 가무이노미와 이찰파를 진행했습니다.

우리는 지금까지 홋카이도대학으로부터 2017년 8구, 이듬해 2018년 1구 등 총 95구의 유골 반환을 받았으며, 2019년에는 삿포로 의과대학에서 1구의 반환을 받아 재매장했습니다. 삿포로 의대의 유골도 우리가 소송을 제기하고 화해로 겨우 돌려받았습니다. 하지만 홋카이도대학과 삿포로 의대 모두 직접적인 사과의 말은 없었습니다.

이어 2019년 6구의 유골 반환을 요구하며 도쿄대학을 상대로 소송을 제기했습니다. 이 유골들은 고가네이 요시키요(小金井良精) 교수가 1888년 아이우시에서 발굴한 5구와 와타나베 히토시(渡辺仁) 교수가 1965년 도카치부토에서 발굴한 1구입니다. 와타나베 교수는 유골 외에도 큰 칼 등 부장품도 발굴했습니다. 우리는 하루빨리 이 6구의 조상 유골과 부장품이 고향인 우라호로로 돌아오기를 바라고 있습니다.

2019년에는 우라호로정립 박물관(浦幌町立博物館)에서 1구의 유골 반환을 받았습니다. 이는 도카치부토 와카쓰키 유적에서 출토된 아이누 유골로 매장문화재입니다. 박물관 소장 매장문화재 유골의 지역 반환은 일본에서 처음 있는 사례라고 합니다. 게다가 박물관이 스스로 나서서 반환한 것입니다. 홋카이도대학이나 도쿄대학과는 크게 다릅니다.

선주민족으로서의 첫걸음

2016년 오가와 에카시(小川エカシ) 일행이 유골 반환을 쟁취했을 때, 『아이누 민족의 역사』(草風館)의 저자인 에모리 스스무(榎森進) 도호쿠가쿠인대(東北學院大) 명예교수는 다음과 같이 평가했습니다. "지금까지의 아이누 정책은 동화정책과 복지정책이었으며, 선주민족의 권리를 보장하는 올바른 민족 정책이 아니었다." "아이누 민족이 자신들의 요구를 권력 측에 주체적으로 요구하고, 그 요구를 쟁취한 것은 이번이 처음일 것"이라고 평가했습니다.

또한 유골 반환 소송의 이치카와 모리히로(市川守弘) 변호단장은 이렇게 말했습니다. "이번에 고탄(전통 마을)이라는 집단의 후손들이 고탄에서 죽은 이들을 함께 추모하며 유골을 관리하려는 움직임이 나타났다. 이는 바로 유골 관리라는 집단적 권리를 행사하는 고탄의 재생, 부활입니다. 즉, 아이누 사람들이 고탄을 재생함으로써 선주민족으로서의 권리를 쟁취한 것입니다."

둘 다 가슴 깊이 와닿는 말이었습니다. 우리 역시 스스로가 선주민족임을 일본 정부에 보여주고, 아이누 고탄을 재생해 나가는 그 첫걸음이 되길 바라는 마음으로 싸워왔기 때문입니다.

정부는 2019년 말, 전국 대학과 박물관에 있던 유골 대부분을 시라오이(白老)에 새로 건설한 '민족 공생 상징공간'(우포포이)의 위령 시설로 옮겼습니다. 이를 두고 "잘 됐네요"라고 말하는 사람도 있습니다. 하지만 그것은 다릅니다. 홋카이도대학의 선반에서 우포포이의

Ⅱ 선주권과 아이누 민족

선반으로 옮겨졌을 뿐이기 때문입니다. 애초에 유골의 대부분은 도굴된 것인데, 우포포이로 옮겨지면 수집한 학자들의 책임이 모호해집니다. 게다가 우리 조상들이 또다시 DNA 연구 자료로 제공되는 것이 아닐까 두렵습니다.

우리의 유골 반환 투쟁이 더욱 홋카이도 전역으로 확산되어 각지의 아이누 사람들이 자신들의 지역에서 조상 위령을 할 수 있게 되기를 바랍니다.

미국에는 연어잡이를 생업으로 삼는 아메리카 인디언이 있다고 들어 2017년 서해안의 올림픽 반도에 있는 두 개의 부족을 방문했습니다. 마카 부족과 로워 엘와 클라럼 부족입니다.

그들은 "연어의 사람들(Salmon People)"이라 불리며, 20개의 부족이 연합체를 이루어 자원 관리를 하고 있습니다.

마카 부족의 항구에서는 연어나 광어가 잡혀 활기가 넘치고, 사람들의 생활도 매우 풍요로워 보였습니다. 자원 관리를 위해 잡은 연어나 광어 한 마리 한 마리의 무게를 재고 있었습니다. 전통 의식만을 위해 연어를 잡는 것이 아니라, 배를 소유하고 어부로서 살아가고 있었습니다. 자신의 배를 가진 어부 브라이언 씨의 집은 마당도 집도 넓었고, 밝은 분위기의 식당에서 갓 삶은 게와 연어 오일절임을 대접받았습니다.

로워 엘와 클라럼 사람들은 엘와 강의 두 개의 댐을 철거하게 한 미국에서도 진보적인 운동을 이뤄낸 부족입니다. 허물어진 댐 부지로 흐르는 강과 새와 식물이 풍요로워지고 있는 하구를 안내하며 운동의 경위 등을 설명하는 러셀 씨 등의 말에는 자부심이 가득 담겨 있는 듯했습니다.

생태계를 되찾아가고 있는 엘와강은 부족의 연구자들에 의해 과학적으로 하천 관리가 이루어지고 있습니다. 엘와강은 연어나 송어가 자연 산란하는 풍요로운 강이 될 것입니다. 돌이켜 우리 아이누의 처지를 생각하면 가슴이 아픕니다.

연어잡이 권리를 찾아서

우리 고장에는 조상들이 연어를 잡았던 우라호로 도카치강(이전의 도카치강)이 있습니다. 지금은 강에서의 연어잡이가 금지되어 있고, 거슬러 올라온 연어는 대부분 상류에서 부화 사업을 위해 포획됩니다. 지금 돌아오는 연어는 거의 모두 인공 산란에 의해 태어난 연어입니다.

연어의 자연 산란을 되찾고 싶다. 우리도 강에서 연어잡이를 하고 싶다. 이런 마음이 더욱 강해진 것은 홋카이도대학에서 반환받은 조상의 부장품 중 하나에서 '아바리'라는 그물을 만드는 도구를 발견했을 때였습니다. 우리 조상들도 도카치강에서 그물을 사용해 어업을 했다는 증거입니다. 조상의 아바리를 보고 말로 표현할 수 없을 만큼 가슴이 뜨거워졌습니다.

아메리카 인디언들도 50년, 60년 전에는 연어를 잡았다가 체포되는 날들이었다고 합니다. 그 최악의 상태에서 싸워 1974년 볼트 판결(Boldt Decision)을 쟁취했습니다. 보호구역 밖에서도 선주민족이 관습적 장소에서 잡은 연어 전체 어획량의 50%를 잡을 권리를 인정한 획기적인 판결입니다. 아메리카 인디언들은 투쟁을 통해 선주민족으로서의 권리를 폭발적으로 확장시켜 왔습니다. 그리고 이는 전

Ⅱ 선주권과 아이누 민족

세계 선주민족의 흐름이라고 할 수 있습니다.

우리도 아이누로 살아갈 권리가 있습니다. 아이누로서 조상이 살았던 고탄이 있던 지역에서 조상과 대화하며 살아갈 권리, 대지의 풍요로운 은혜를 누리며 살아갈 권리입니다. 우리에게는 아직도 고난의 길이 계속될지 모르지만, 미래에 우리 자손이 아이누임을 자랑스러워하며 풍요로운 자연과 함께 살 수 있도록 지금 선주민족으로서 또 한 걸음을 내딛고자 합니다.

이것은 일본 국민 여러분의 이해 없이는 불가능한 일입니다. UN에서 인정받은 우리 선주민족의 권리를 반드시 이 일본 안에서 실현하고 싶습니다.

제2장
아이누 선주권의 본질

이치카와 모리히로(市川守宏)

UN 선언을 지침으로

UN은 2007년 〈UN 선주민족 권리선언〉(이하 선언)을 채택했고, 일본 정부는 이 선언에 찬성했습니다. 선언은 선주민족의 권리에 대해 자결권을 비롯해 토지 및 자연자원에 관한 권리 등도 규정하고 있습니다. 선언에 찬성한 각국은 규정된 선주민족의 권리에 대해 각국 내에서 그 권리의 실현을 위해 법제도를 정비할 국제적인 의무를 지게 되었습니다.

또한, 선언문에서는 권리 주체별로 선주민족인 사람들의 집단(Indigenous Peoples)이 가진 권리와 선주민족에 속하는 개인(Indigenous individuals)이 가진 권리, 이 두 가지 권리를 규정하고 있습니다. 그리고 선주권은 이 중 선주민족 집단의 권리로서 명시되어 있습니다(선언 26조 이하). 그래서 일본 정부는 아이누의 선주권을 비롯한 집단의 권리와 아이누 개인의 권리를 각각 명시한 최초의 법률을 제정할 것으로 기대를 모았습니다.

그러나 2019년에 제정된 〈아이누 사람들의 긍지가 존중받는 사회를 실현하기 위한 시책 추진에 관한 법률〉(이하 '아이누 신법')은 아이누의 권리, 특히 선주권에 대해서는 전혀 언급하지 않았습니다. '아이누 신법' 제4조에서 '누구든지 아이누 사람에게 아이누라는 이유로 차별하는 행위나 그 밖의 권리이익을 침해하는 행위를 해서는 안 된다'고 규정하고 있지만, '침해해서는 안 되는' 아이누의 권리나 이익에 대해서는 '아이누 신법'에서 전혀 규정하고 있지 않습니다. 본래 일본 정부는 '아이누 신법' 제정 시, 선언을 지침으로 삼아 아이누의 권리를 명확히 하는 법을 만들어야 했으나, 선언과는 전혀 무관한 법을 만든 것입니다.

'아이누 신법'은 단순히 국가 등의 행정이 실시하는 아이누 시책, 아이누 대책에 대해 그것을 '추진'하기 위해 제정된 법이었습니다. 즉, 선언 채택에 찬성한 일본 정부는 선언 채택에 찬성하면서 아이누의 권리를 실현하기 위한 법률을 제정하지 않고, 아이누의 권리를 무시한 채 행정 대책으로 무엇을 할 것인지를 결정했을 뿐인 법률을 만든 것입니다.

이 법은 상하 양원에서 각각 압도적 다수의 찬성을 얻어 성립되었습니다. 따라서 국회 자체도 아이누의 권리를 다루지 않는 '아이누 신법'을 옳다고 인정한 것입니다. 또한, 언론의 논조도 기본적으로 '아이누 신법'을 환영하는 분위기였습니다. 특히 아이누를 처음으로 선주민족으로 인정한 획기적인 법이라 선전했습니다.

본고는 이러한 '아이누 신법'을 둘러싼 상황 속에서 '아이누 신법'의 문제점을 지적한 후, '아이누 신법'이 무시한 선언에 근거한

제2장 아이누 선주권의 본질

아이누의 권리는 무엇이며, 그중에서도 아이누의 선주권에 대해 검토합니다. 왜냐하면 아이누 사회와 와진(和人) 사회와의 진정한 평등을 위해서는 와진에게는 없는 아이누의 권리, 특히 아이누의 선주권을 회복할 필요가 있다고 생각하기 때문입니다. 아이누가 스스로의 권리를 회복해야만 진정한 의미의 '아이누 사람들의 긍지가 존중받는 사회'를 실현할 수 있습니다.

행정 시책을 위한 '아이누 신법'

먼저 '아이누 신법'의 내용에 대해 알아보겠습니다.

'아이누 신법'은 앞서 말한 바와 같이 아이누의 권리나 그 보장을 규정한 법은 아닙니다. 그 이름 그대로 어디까지나 '시책 추진에 관한 법률'일 뿐이며, 어디까지나 아이누 정책으로서의 행정 시책과 제도를 규정한 법률에 불과합니다. 이 '아이누 신법'에서 추진하는 아이누 시책이란 ① 아이누 문화 진흥, ② 아이누의 전통 등에 관한 지식의 보급·계발, ③ 이를 위한 환경 정비책이라 되어 있습니다(2조). ①과 ②는 1997년에 제정된 아이누 문화진흥법의 내용과 동일하며, 이번 '아이누 신법'은 기존의 아이누 문화 진흥법에 ③을 추가한 것입니다. 환경 정비책으로서 '아이누 신법'이 규정하는 제도는 국가로부터의 교부금 제도와 '민족 공생 상징공간(우포포이)' 시설(이하 '상징공간')의 관리 체제, 이 두 가지로 구성되어 있습니다('아이누 신법'의 성립과 함께 〈아이누 문화 진흥법〉은 폐지).

Ⅱ 선주권과 아이누 민족

a 교부금 제도

교부금 제도는 국가가 특정 사업 주체에 대해 국비를 지출하는 제도로, 공공사업 등에서 예전부터 시행하고 있는 제도입니다. 국가로부터의 교부금은 시정촌(市町村)이 작성하는 '아이누 정책 추진 지역계획'(이하 아이누 지역계획)의 사업에 교부됩니다. 이 아이누 지역계획은 다음과 같은 절차에 따라 만들어집니다. 먼저 국가가 아이누 정책에 관한 기본 방침을 정합니다. 도도부현(都道府県)은 이 국가의 기본방침을 토대로 각 도도부현 내의 아이누 시책에 대한 정책(이하 도도부현 정책)을 정할 수 있습니다. 그리고 시정촌은 국가의 기본방침을 바탕으로, 또한 도도부현 정책을 감안해 아이누 지역계획을 작성하고, 내각 총리대신의 인정을 받아야 합니다. 이 내각 총리대신이 인정한 아이누 지역계획에 대해 국가로부터 보조금이 교부되는 것입니다. 아이누 지역계획의 사업 주체는 어디까지나 시정촌이기에 교부금은 시정촌에 교부됩니다.

b 상징공간

'상징공간'이란 국토 교통성이 홋카이도 시라오이초에 건설한 시설로 박물관과 레크리에이션 시설 등을 종합한 일종의 아이누 테마파크입니다. '상징공간'은 와진의 아이누 전통 등에 관한 지식의 보급과 계몽을 위해 아이누의 전통문화를 전시, 체험할 수 있는 시설이 마련되어 있습니다. 광대한 부지 내에 박물관, 공원, 위령 시설이 조성되어 있으며 국비로 건설되고 관리됩니다.

그렇다면 '아이누 신법'의 목적은 어디에 있는 것일까요? ①에서 말하는 아이누 문화의 진흥은 아이누어나 자수 등의 전통문화를 진흥하고자 하는 것입니다. ②의 아이누의 전통 등에 관한 지식의 보급·계발이란 와진이 아이누 전통문화를 이해하기 위해 아이누 문화에 대한 지식을 보급·계발하는 것을 의미합니다. '아이누 신법'의 기본 이념으로 '국민의 깊은 이해를 얻는 것을 목적으로 하여 실시하여야 한다'고 규정한 것도 그런 의미에서 ①보다 ②에 중점을 두고 있음을 의미합니다. 즉, '아이누 신법'은 아이누의 전통문화에 대한 지식을 대다수의 와진에게 보급하고 와진의 깊은 이해를 얻기 위한 시책을 추진하는 것이 목적입니다. 그 결과, 교부금이 교부되는 사업은 많은 와진이 찾아올 수 있는, 이른바 관광을 중심으로 한 '지역 부흥'이며, '상징공간'도 와진의 관광을 위한 시설로 만들어졌습니다.

유골을 둘러싼 신법의 문제점

다음으로 '아이누 신법'에는 어떠한 문제가 숨어있는지 생각해보겠습니다.

a 정교분리 원칙과 관광사업

아이누의 생활 속에는 다양한 신이 존재하며(냄비도 카무이=신이라고 불립니다), 아이누의 의상, 자수 등 모든 문화적 소산은 종교적 의미를 가진다고 합니다. 보조금이 교부되는 아이누 지역계획에서 정하는 사업은 이러한 종교적 의미를 가진 문화의 진흥을 위해 공금을 지출하는 사업이 되어야 합니다. 또한 '상징공간'도 종교적 의미를 가진

문화의 보급을 위한 국가시설이 됩니다. 게다가 '상징공간'에는 위령 시설이 건설되어 전국 12개 대학 등이 보관하던 약 1,600구의 아이누 유골을 모은 후에 '아이누에 의한 존엄한 위령제'를 거행하도록 (내각관방 아이누 종합정책실 아이누 정책 추진회 '민족 공생의 상징이 되는 공간' 보고서)되어 있습니다.

이러한 종교적 의미를 지닌 아이누 문화의 진흥, 보급·계발사업을 국가 교부금 지원 대상 사업으로 삼거나 국립 시설에서 위령 행사를 하는 것은 헌법 제20조 3항의 정교분리 원칙을 위반할 우려가 강합니다. 그렇다면 '아이누 신법'은 왜 헌법 제20조 3항을 위반한다는 목소리가 나오지 않는 것일까요?

'아이누 신법'에 따른 국가 시책은 헌법상의 의심을 피하기 위해 교부금 대상 사업이나 위령 시설에서의 위령 행사에서 종교적 색채를 배제하는 것을 전제로 하기 때문입니다. 그 결과, 아이누 문화진흥을 위한 아이누어 교실이나 자수 교실 등은 단순한 문화교실이 되고, 아이누 문화의 보급·계발도 종교색이 없는 전통문화를 보여줄 뿐인 관광사업이 됩니다. 교부금 사업도 '상징공간' 도 '아이누 문화를 중심으로 한' 하나의 큰 관광사업이라는 것입니다.

b 아이누 유골 집약과 이에(家) 제도

'상징공간'에 설치되는 위령 시설의 문제는 정교분리 문제 외에도 중대한 문제가 있습니다. '상징공간'에 집약된 아이누 유골이 아이누에게 반환되지 않고 연구 자료로 활용될 가능성이 있기 때문입니다. 먼저 이 아이누 유골에 대해 설명하겠습니다.

아이누 유골은 1888년부터 1970년대에 걸쳐 와진 연구자들에 의

제2장 아이누 선주권의 본질

'상징공간'의 위령 시설로 아이누 유골을 운반하는 트럭. 홋카이도대학 등 전국으로부터 유골이 모였다=2019년 11월, 홋카이도 시라오이초에서(히라타 쓰요시平田剛士 촬영)

해 아이누 묘지에서 발굴되어 반출되었습니다. 1888년부터 89년까지 도쿄제국대학(현 도쿄대학)의 고가네이 요시키요(小金井良精)가 두개골 계측학 자료로 약 200구의 유골을 발굴해 가져갔고, 이후 홋카이도제국대학(현 홋카이도대학)의 고다마 사쿠자에몬(児玉作左衛門)이 가라후토(樺太), 지시마(千島), 홋카이도 각지에서 약 1,000구가 넘는 아이누의 유골을 반출해갔습니다. 고다마의 연구는 형질인류학이라는 연구 분야로, 우생학적 사상을 바탕으로 "아이누는 열등하고 와진은 우수하다"는 성과를 추구했다고 지적받고 있습니다(우에키 데쓰야(植木哲也), 『학문의 폭력(学問の暴力)』春風社 2008). 이 두 사람 외에도 많은 연구자들이 아이누의 유골을 묘지에서 반출해갔습니다.

이 유골들은 전국 12개 대학이나 박물관 등에 보관된 채로 방치되어 있었습니다. 이들 아이누 유골(2017년 기준 1,676구) 대부분은 2019년 말, '상징공간' 안에 건립된 위령 시설에 모았습니다.

어째서 발굴한 장소의 아이누에게 반환하지 않고 '상징공간'에 모두 모았을까요?

정부의 아이누 유골 반환 방침은 이들 아이누 유골은 우선 제사 승계인(상속인 중 유골 관리자)에게 반환하고, 제사 승계인을 찾지 못할 경우 '상징공간'에 집약한다(내각관방 아이누 종합정책실 아이누 정책 추진 실무부회=쓰마모토 데루키(常本輝樹) 부회장)고 되어 있습니다. 다만, 유골의 이름이 판명된 것은 38구(2%)에 불과하며, 따라서 제사 승계인(상속인)을 조사할 수 있는 유골도 이 범위에 지나지 않습니다.

그 결과, 상속인을 조사할 수 없는 98%의 유골은 소유자를 알 수 없어 '상징공간'으로 집약되게 된 것입니다. 제사 승계인이라는 개념은 '가문의 계승자'가 일족의 조상을 모신다는 생각입니다. 묘비에 새겨진 '○○가(家) 선조대대'처럼 집안의 조상은 그 집안을 계승하는 사람이 대대로 모셔야 한다는 이에(家:집안, 가문) 제도에 기반한 와진 특유의 생각에서 비롯된 것입니다. 그러나 아이누 관습에는 '○○가(家)'라는 이에 제도 개념이 없습니다. 묘지에 매장한 사자(死者)는 매장한 집단(고탄)이 마을 내에서 위령제(이찰파)를 지내고 묘지와 유골을 관리합니다. 정부가 말하는 그럴듯한 '제사 승계인에게 반환'은 유골 반환을 핑계로 와진의 사상을 아이누에게 강요하는 것에 불과합니다.

'지역 환원' 방침의 속임수

최근 정부는 지역이 유골 반환을 신청하면 국가가 반환 청구자의 적격성을 판단하여 양도하겠다는 입장을 밝혔습니다(대학이 보관하고 있는 아이누 유골 등의 출토 지역으로의 반환 절차에 관한 가이드라인=2018년 1월). 그러나 국가가 유골 반환 청구인의 적격성을 판단한다는 발상에는 큰 문제가 포함되어 있습니다. 애초에 집단 내에서 사망한 아이누의 유골은 그 집단이 관리하고 위령하던 것이므로 그 집단의 후손에게 반환하면 되는 것입니다. 국가가 반환처의 '적격성을 판단'하는 것은 이 당연한 사실을 무시하고 국가가 유골의 반환처를 가려내려는 것입니다. 이는 유골을 집단의 후손에게 반환한다는 원칙을 국가의 판단으로 좌우할 수 있게 되는 것입니다.

위령 시설로 집약하는 일의 또 다른 문제점은 수집된 아이누 유골을 향후 연구 자료로 활용할 수 있다는 점입니다. 국가 보고서는 '상징공간'에 집약된 아이누 유골은 '아이누의 동의'를 얻어 향후 연구에 기여(제공)하는 것으로되어 있으며, 현재 일본인류학회, 홋카이도 아이누협회 등이 중심이 되어 연구를 위한 가이드라인을 수립중에 있습니다. 최근 아이누 유골 연구의 목적은 과거의 형질인류학이 아닌 유골의 DNA 분석을 통해 인류 이동 경로, 혹은 아이누와 와진 및 아시아 사람들과의 관계를 밝히는 것으로 바뀌고 있습니다. 여기서 말하는 '아이누의 동의'는 유골을 관리하던 집단이나 그 후손의 동의가 아닙니다. 후술하겠지만 국가는 이러한 아이누 집단의 존재를 부정하고 있기 때문입니다. '아이누의 동의'가 누구의 동의인지 애매한 상태입니다. 유골을 관리하던 집단의 존

Ⅱ 선주권과 아이누 민족

재를 부정하고, 권리자의 승락을 얻지 않고 무단으로 가져간 유골을 연구 자료로 삼는 것은 연구의 정당성을 잃는 동시에 그 연구자의 사회적 책임을 엄중히 물어야 할 것입니다. 또한, 홋카이도 아이누협회가 인류학회와 함께 이 연구를 인정하고 있다는 점도 간과할 수 없습니다.

역사가 보여주는 선주권의 범위

'아이누 신법'의 문제점은 이상과 같습니다. 다음으로 '아이누 신법'이 무시하는 아이누의 권리에 대해 고찰해보겠습니다.

'아이누 신법'에 관해서는 아이누의 권리, 특히 아이누 선주권에 대해 전혀 규정하지 않는다는 기본적이고도 근본적인 비판이 많이 제기되고 있습니다. 다만 안타까운 것은 그동안 아이누의 선주권에 대한 연구가 제대로 이루어지지 않아 선주권이란 무엇인지, 아이누의 경우 선주권이란 구체적으로 어떤 권리인지 등에 대한 논의가 별로 이루어지지 않았다는 점입니다. 그래서 여기서는 선주권이란 무엇이며, 아이누의 경우 어떤 권리가 선주권으로 존재하는지에 대해 검토해 보기로 합니다.

a 선주권과 자결권

선주권이란 18세기 이후 세계 열강국이 지배하던 선주민족에 대해, 선주민족 중 개별 집단이 열강국의 지배 이전부터 역사적, 관행적으로 소유하고 있던 토지, 자연 자원 등에 대한 배타적 · 독점적 사용권·이용권·관리권 등의 총칭입니다. 즉, 선주민족 중에서도 더 작은 개별 집단의 권리이며, 그 권리는 역사적으로 확립되어 관행으로 행해져 온 것으로, 배타적·독점적으로 토지나 자연자원 등을 사용·이용하고 관리해 온 권리입니다. 예를 들어 연어 포획권, 수목 벌채권, 다양한 토지의 이용권 등 '여러 가지 권리를 묶은 것'을 선주권이라고 칭합니다. 선주권은 어떤 구체적인 권리라기보다는 이러한 여러 권리들을 묶은 권한(title)을 의미한다고 볼 수 있습니다.

서론에서 소개한 〈UN 선주민족 권리선언〉에서는 선주민족의 권리에 대해 집단(indigenous peoples)으로서의 권리와 개인(indigenous individuals)으로서의 권리를 명확히 구분해서 규정하고 있습니다. 이 중 집단으로서의 권리 중 하나가 이른바 선주권으로 문제가 되는 권리입니다. 선언은 집단의 권리로서 유골 반환의 권리, 자연 자원(토지와 수산물, 육산물 등의 자원)을 이용할 권리, 자결권 등을 규정하고 있습니다. 선주권은 이 중 배타적·독점적으로 토지 및 자연 자원 등을 사용·이용해 관리해 온 권리를 말합니다(선언 26조). 마찬가지로 집단의 권리로서의 자결권(선언 3조)은 선주권이라기보다도 그 집단의 주권, 즉 집단으로서 자율, 통치하고 강제적으로 동화되지 않고 독자적인 문화와 종교를 유지할 수 있는 집단으로서의 권한 그 자체를 가리킵니다(선언 4조 이하). 이처럼 선언은 집단의 권리로서 선주권과 자결권을 규정하고 있는 것입니다. 유골 관리권은 매장한 토지에 대한 권리로서 선주권의 하나로 볼 수 있지만, 집단으로서의 종교적 전통을 실천할 수 있는 권리로 본다면 자결권의 하나로 볼 수도 있습니다.

b 집단의 역사와 권리

선언에서 말하는 집단(indigenous peoples)이 어떤 집단을 지칭하는 것인지가 문제가 됩니다만, 이는 각국의 각 선주민족의 역사에 따라 판단해야 합니다. 그 역사 속에서 선주민족 중 어떤 집단이 자결권을 가지고 있었는지, 어떤 집단이 어떤 범위에서 관행적으로 자연 자원 등을 사용·이용하고 관습상의 권리로 취득했는지를 검토해야 합니다.

따라서 아이누가 선주민족으로 인정받았다고 해서 즉각적으로 선주민족 전체에 어떤 구체적인 권리가 인정되는 것은 아닙니다. 일본에서는 지금까지 '아이누 민족'이라는 표현을 사용해 '아이누 민족'이 선주민족인지 여부에 대한 논의를 해왔습니다. 그러나 '아이누 신법'으로 '처음으로 아이누 민족이 선주민족으로 인정받았다'고 해서 선주민족으로서의 '아이누 민족' 전체에 어떤 권리가 인정될 것이라고는 말할 수 없습니다. 선언이 규정하는 집단의 권리는 선주민족으로 간주되는 집단 중에서도 역사적으로 형성된 더 작은 집단을 권리 주체로 삼고 있기 때문입니다. 예를 들어 유골 반환의 권리(12조)를 아이누의 경우로 생각해보면, A라는 고탄(집단)의 구성원이 사망하여 그 고탄에 매장되어 위령되는 경우, A라는 고탄이 유골 반환 청구권을 갖게 됩니다. 전혀 상관없는 B라는 고탄은 아이누이더라도 그 유골의 반환을 청구할 권리가 없는 것입니다.

c 선주권이 인정되는 근거

이러한 토지나 자연 자원 등에 대한 여러 권리의 묶음으로서 선주권이 인정되는 근거는 무엇일까요? 그것은 한마디로 말하자면, 주체가 되는 집단의 '주권'입니다. 미국에서는 트라이브(tribe)라는 집단이 19세기 초 연방대법원의 여러 판결을 통해 주권단체로 인정받았습니다. 이 판결들에서는 ① 유럽인이 대륙을 발견하기 전까지는 대륙에는 수천 개의 트라이브가 각각 주권단체로서 일정한 토지를 지배하고 자연 자원을 이용하며 자유롭게 교역을 하고 서로 전쟁을 하기도 했습니다, ② 그런데 유럽인의 대륙 발견으로 이들 트라이브는 교역의 상대가 발견국으로 한정되어(발견의 원리) 각 트라이브의 대외적 주권이 제약받지만 대내적 주권은 종래와 같이 유지되었다고 합니다.

대외적 주권, 대내적 주권이라는 말은 일본에서는 생소하지만, 요컨대 sovereignty(주권)를 보유했다고 인정하는 것입니다. 즉, 각 트라이브는 그 주권의 행사로서 지배 영역 내에서 스스로 토지나 자연자원 등을 배타적·독점적으로 이용할 수 있으며, 스스로 자결할 수 있는 권리를 가진다고 규정합니다. 따라서 미국에서는 이러한 각 트라이브가 지배하는 토지나 자연 자원을 연방 정부가 취득하기 위해서는 트라이브와 조약을 체결하고 이를 매입할 필요가 있습니다. 미국에서 선주권이란 각 트라이브가 본래 보유하고 있던 토지나 자연 자원에 대한 권리를 의미하며, 트라이브는 이러한 권리를 조약을 통해 연방 정부에 어느 정도까지 팔아넘겼는지가 이후 백 년이 넘는 재판의 흐름이 되었습니다.

선언이 규정한 선주권도 이 집단의 주권이 근거입니다. 따라서 이 주체 단체라는 점에서 정치적 자결권도 당연히 집단의 권리로 인정됩니다.

아이누의 경우에도 선주권을 생각할 때는 이 선주권의 근거가 되는 주권이 어떤 집단에 어떤 내용으로 존재했는지 그 역사 속에서

Ⅱ 선주권과 아이누 민족

찾을 필요가 있습니다. 아이누의 역사 속에야말로 아이누의 선주권의 근거가 존재하며, 그 역사를 밝혀냄으로써 선주권의 범위가 명확해질 것입니다.

아이누 선주권의 주체는 고탄

아이누의 경우 선주권의 주체가 되는 집단은 메이지 시대까지 각지에 존재했던 고탄이라는 집단입니다. 이 집단은 몇 가구~수십 가구 정도로 구성되어 그 지배 영역(이오루(イオル))에서 독점적・배타적인 사냥・어업권을 갖고, 다른 고탄의 아이누가 이 권한을 침해한 경우에는 때때로 고탄 간의 전쟁이 벌어지기도 했습니다. 또한, 각 고탄에는 관습법에 근거한 민법, 형법이 존재하며 소송도 이루어졌습니다(졸저 『아이누의 법적 지위와 국가의 부정의(アイヌの法的地位と国の不正義)』 寿郎社 2019). 이러한 점에 관해서는 다수의 논문과 홋카이도청의 문헌이 기술하고 있어, 고탄이라는 집단이 주권을 가진 단체였다는 것은 의심의 여지가 없습니다. 실제로 존 뱃첼러(John Batchelor)는 고탄을 마을 사회라 칭하며 "하나하나의 마을 사회는 작은 독립 국가와 유사한 집단을 형성한다"고 기술하고 있습니다(고마쓰 데쓰로(小松哲郎) 역 『아이누의 생활과 전승(アイヌの暮らしと伝承)』 홋카이도 출판기획센터 1999). 에도 시대에는 에조치(蝦夷地)는 '화외지(化外の地)'(이역=외국)라 하여 "에조(蝦夷)의 일은 에조에게 맡겨라"라고 했으니 막번제도 하에서는 아이누의 각 집단의 주권을 인정하고 각 집단의 자유에 맡겼던 것입니다 (에모리 스스무(榎森進) 『아이누 민족의 역사(アイヌ民族の歴史)』 草風館 2007). 또한,

고탄이라는 집단은 항상 고정된 존재가 아니라 아이누의 역사 속에서 이합집산을 반복하는 유동적인 존재였지만, 기본적으로 문화적, 혈족적, 정치적으로 어느 정도 결속력을 가졌던 집단으로 보입니다 (가이호 미네오(海保嶺夫), 『일본 북방사의 논리(日本北方史の論理)』雄山閣 1974 등).

그런데 현재 일본 정부의 아이누에 대한 기본 입장은 일본에는 이제 선주권이나 자결권을 가진 아이누 집단은 존재하지 않는다는 것입니다. 아이누를 선주민족으로 인정했다고 하지만 선주권이나 자결권을 가진 아이누 집단 그 자체의 존재를 부정하는 것입니다. 이러한 집단이 존재하지 않는 이상 선주권 등을 '아이누 신법'으로 규정할 의미가 없다는 것이 일본 정부의 입장입니다. 따라서 '아이누 신법'에 선주권을 규정하지 않은 것은 정부 입장에서는 당연한 일입니다. 그러므로 정부 측의 견해에 맞서기 위해 중요한 것은 일본 내에서 선주권을 인정받을 수 있는 집단이 존재하는지 여부를 밝히는 것입니다.

메이지 이후 아이누의 역사를 보면, 일본 정부 스스로가 선주권과 자결권의 주체인 집단을 부정하고 말살해 왔습니다. 토지를 국유지로 와진에게 하사하는 한편, 독점적, 배타적으로 지배하던 자연 자원도 아이누 집단으로부터 빼앗아갔습니다. 또한, 자결권의 중요한 내용인 아이누의 법규범을 부정하고, 고탄 내 재판도 '사적 린치'로 금지했습니다. 이처럼 주권단체로서의 존재를 부정하고 고탄이라는 집단을 해체하고 집단이 지배하던 토지와 자연 자원을 빼앗은 것은 일본 정부입니다(에모리 스스무, 전게서 등).

이러한 일본정부에게 '일본에는 더 이상 선주권의 주체가 되는 집단은 존재하지 않는다'고 말할 자격도 권리도 없으며, 스스로 파

Ⅱ 선주권과 아이누 민족

괴한 것은 직접 복원할 의무가 있을 뿐입니다. 예를 들어, 선언은 선주권에 대해 고탄과 같은 집단이 토지 및 자연 자원에 대한 권리를 가진다고 명시하며(26조1항), 국가는 이를 승인하고 보호해야 한다(동조 3항)고 규정하고 있습니다. 지금 일본 정부에 요구되는 것은 아이누 집단의 존재를 인정하고, 이 집단에 선주권을 인정하고 보호하는 일입니다.

선언에서는 자연 자원에 관한 권리는 집단적 권리로서만 규정하고 있습니다(26조 등). 그러나 이는 가령 개인이 자연 자원인 연어를 포획할 권리가 있음을 부정하는 것은 아닙니다. 〈시민적 및 정치적 권리에 관한 국제규약(ICCPR)〉은 27조에서 '해당 소수 민족에 속하는 자는' '자신의 문화를 향유할' 권리를 가진다고 규정하며, 일본국 헌법 제13조는 아이누 개인에 대한 인권으로서 행복추구권을 규정, 행복추구권의 하나로 자기 문화를 향유할 권리를 보장합니다. 따라서 아이누 개인이 그 전통문화에 따라 연어를 포획하고 의식(아시리쳅노미(アシリチェップノミ) 등을 행할 권리는 아이누가 쌓아온 자기 문화를 향유하는 것으로서 문화 향유권 혹은 인권으로 보장됩니다.

집단의 권리와 개인의 권리

그렇다면 앞서 말한 선주권으로서의 집단의 권리와 문화 향유권(인권)으로서 개인의 권리의 차이는 무엇일까요? 연어 포획권을 예로 들어 생각해보겠습니다.

주권에 근거한 아이누의 집단으로서의 권리는 집단의 경제활동으로 보장되어야 합니다. 그 집단의 자유로운 경제활동, 즉 경제적 자율성이 보장되지 않으면 집단의 정치적 자율성(자결권)이 보장되지 않기 때문입니다. 그리고 이 경제적 자율성을 보장하는 권리 중 하나가 선주권으로서의 연어 포획권입니다. 이 권리는 현대에서 아이누 집단의 경제적 자율성을 보장하는 권리이기 때문에, 사용하는 그물은 에도시대에 사용하던 재질의 그물일 필요는 없으며, 나일론 소재의 그물이라도 상관없습니다. 또한, 통나무배가 아닌 엔진이 달린 어선으로도 조업할 수 있습니다. 이렇게 생각하면, 선주권은 열강에 의해 지배를 받은 시점에서 관습적으로 성립된 권리인 동시에 선주민족에 속한 각 집단은 그 시점의 선주권 내용을 그 이후에도 발전시킬 수 있는 권리도 갖게 됩니다(선언 3조). 열강 국가에게 지배당한 결과, 선주권의 권리 내용을 발전시킬 권리를 빼앗겼기 때문에 현대에 선주민족을 복권시킨 경우, 현재의 과학기술에 맞는 권리 행사를 인정하는 것은 당연하다 할 수 있습니다. 여기서는 먼저 선주권으로서 과거에 어떤 권리가 존재했는지, 그리고 이 권리가 그 후의 역사 발전에 따라 현재는 어떤 권리 내용으로 인정되고 있는지를 구분하여 검토해야 합니다. 과거 '통나무배를 이용한 자망어업'으로서 연어잡이가 관행적으로 이루어졌다는 것이 인정된다면, 이 연어 포획권은 선주권으로 인정될 수 있습니다. 다음으로, 현재는 기술 혁신의 결과로 '통나무배'는 엔진이 달린 어선을 사용할 수 있고, 나일론 그물도 사용할 수 있게 됩니다.

 미국 판례에서는 이처럼 기술혁신에 따른 새로운 연어어업이 트라이브의 연어 포획권으로 인정되고 있습니다. 마찬가지로 과거에는 존재하지 않았던 인공 부화를 통해 회귀한 연어를 포획할 수 있는지에 대해서도 연어 어획 시 인공 부화에 의한 연어인지 자연 산란에 의한 연어인지 구분할 수 없는 이상, 트라이브는 인공 부화를 통해 회귀한 연어도 포획할 수 있다고 되어 있습니다.

이러한 집단의 연어 포획권과 개인의 문화 향유권(인권)으로서의 연어 포획권을 비교하면, 문화 향유권(인권)으로서의 연어 포획권은 어획 방법이나 요리법 등의 문화 전승을 위한 권리이며, 그러한 전통문화의 보존과 향유를 위한 권리입니다. 이에 반해 집단으로서의 연어 포획권은 집단의 경제적 자율성을 위해 경제활동의 일환으로 인정되는 권리입니다. 대량으로 연어를 포획하여 가공하여 판매하는 사업을 영위하는 것은 문화 향유권이라고 할 수는 없지만, 선주권으로 인정되는 것입니다.

아이누 집단이 경제활동으로서 연어 포획권을 가진다는 것은 연어 자원 보전의 중요한 당사자(주체)라는 의미이기도 합니다. 아이누 집단이 지속적으로 연어잡이를 하고 지속적인 경제활동을 하기 위해서는 연어 자원의 보전이 불가결하기 때문입니다. 따라서 예를 들어 연어의 자연 산란을 회복하기 위한 하천 정비 사업이나 인공 부화 사업에 대해 의견을 제시할 정당한 권리도 선주권의 내용으로 인정받아야 합니다. 생물다양성협약에서는 선주민족 집단이 자연 자원을 보전할 당사자로 인정하고 있습니다('에코시스템 어프로치' 제5차 체약국 회의 문서). 미국 워싱턴 주에서는 연어(지누크 연어(Chinook salmon))의 자연 산란 회복이 큰 이유 중 하나로 엘와(elwha)댐을 철거했는데, 이때 엘와 강 하류의 로워 엘와클라럼(lower elwha klallam)이라는 트라이브가 댐 철거에 큰 역할을 한 것도 그 일례입니다.

이렇듯 집단적 권리로서의 연어 포획권은 단순히 전통적인 문화

제2장 아이누 선주권의 본질

의 전승이나 자신이 속한 민족의 문화를 향유하기 위해 인정되는 권리가 아니라, 경제적 자율성을 위한 경제활동으로 인정되며, 그 권리는 더 나아가 하천 관리 권한으로 연결되는 것입니다.

어떠한 연어잡이인가?

아이누의 경우 연어 포획권에 대해 어떤 어업이 관행적으로 존재하고 있었는가 하는 권리의 내용에 대해 좀 더 자세히 알아보도록 하겠습니다.

연어 포획권은 아이누가 식량으로, 또한 경제 활동의 교역품으로 연어를 포획할 권리를 말합니다. 에도 시대의 교역품으로는 연어 외에도 사슴, 곰, 여우, 수달 등의 모피와 다시마, 건대구, 해삼 등 다양한 육산·해산물이 있지만, 가장 널리 알려진 교역품인 연어의 포획권에 주목해 검토합니다.

연어잡이를 하는 어장은 각 고탄의 지배권 내에 있는 하천이었습니다. 그렇다면 어떤 연어잡이를 했을까요? 아이누의 연어잡이라고 하면 말렉이라는 작살 모양의 도구를 사용해 연어를 잡거나 우라이라는 덫을 설치해 연어를 잡는 어업이 알려져 있습니다. 그렇다면 자망과 같은 그물을 이용한 어획은 이루어졌을까요?

고문헌(입북기(入北記) 등)에 따르면 에도시대에 그물바늘, 자망 등이 와진과의 교역품으로 기록되어있으며, 에조치에서 아이누의 그물어업이 광범위하게 이루어졌다고 여겨집니다. 그런데 이 그물어업에 대해 최근 중요한 발견이 있었습니다. 그것은 우라호로(浦幌) 아

141

Ⅱ 선주권과 아이누 민족

이누 협회가 홋카이도대학을 상대로 제소한 85구의 아이누 유골 반환 소송 과정에서였습니다. 이 소송은 2017년 3월 22일에 유골과 부장품을 반환하는 합의가 성립되어 이듬해 8월, 유골과 부장품이 홋카이도대학에서 우라호로 아이누협회로 반환되었습니다. 반환된 부장품 가운데는 어망을 수리하는 그물망 바늘이라는 도구가 두 개나 포함되어 있었습니다. 그물망 바늘의 길이는 10센티미터 정도로, 모양으로 보아 비교적 큰 그물눈을 수리하는 도구였음을 알 수 있습니다. 그물바늘이 부장품으로 발견되며 우라호로 지역의 아이누가 큰 물고기를 잡기 위해 그물을 사용했다는 사실이 입증되었습니다. 이 유골이 매장된 에도 시대부터 메이지 시대에 걸쳐 대형 어류(연어) 획득에 그물을 사용했다는 사실이 증명되었습니다.

우라호로 아이누 협회는 지금의 홋카이도 도카치(十勝郡) 군 우라호로초의 아이누로 조직된 단체로, 우라호로초에는 아이우시 고탄, 도카치부토 고탄, 도부토 고탄, 우라호로부토 고탄 등 복수의 고탄이 존재했다고 알려져 있습니다(마쓰우라 다케시로(松浦武四郎)의 『동서 에조 산천 지리 취조 일지(東西蝦夷山川地理取調日誌)』). 이들 복수의 고탄은 모두 도카치강 하류 지역의 강변에 존재하며, 자망 등의 그물을 사용하여 연어를 포획했다는 것이 교역 기록과 부장품을 통해 입증되었습니다. 따라서 자망을 사용한 연어잡이는 이들 고탄의 선주권으로 인정되어야 하며, 각 고탄의 후손으로 구성된 우라호로 아이누 협회는 이 선주권을 계승하고 있다고 볼 수 있습니다. 실제로 우라호로 아이누 협회는 선주권으로서의 연어 포획권 요구에 나섰습니다. 선언은 일본 정부가 우라호로 아이누 협회를 옛 고탄의 권리를 계승한 집단으로 인정하고, 선주권을 가진 집단으로 보호할 것을 의무화하고 있습니다.

제2장 아이누 선주권의 본질

선주권 논의야말로 필요

'아이누 신법'은 시정촌이 수립한 아이누 문화의 보급·계몽을 위한 아이누 지역계획을 토대로한 사업에 교부금을 지출하고, 국가가 '상징공간'이라는 시설을 건설, 관리해 많은 와진에게 아이누 문화를 '알리자'는 시책을 규정한 법률이었습니다. '아이누 신법'에서는 아이누의 권리, 특히 아이누 집단의 권리인 선주권에 대해서는 전혀 규정되어 있지 않으며, 그 이유는 일본 정부가 선주권 등의 권리 주체인 아이누 집단은 더 이상 일본에 존재하지 않는다는 기본 자세를 취하고 있기 때문이라고 지적했습니다. 이 때문에 국가는 예컨대 연어 포획에 관해서도 집단의 권리(선주권)로 인정하지 않고, 어디까지나 아이누 개인의 권리인 문화 향유권으로서의 연어 포획권만을 인정하고 있습니다.

그러나 아이누의 집단적 권리, 특히 선주권에 대해 논의하는 것이 중요하다고 생각합니다. 그리고 이 논의는 근세 아이누의 역사와 메이지 이후 아이누의 권리가 박탈당한 역사를 분석해 비교하는 것에서부터 시작해야 합니다. 에도 시대까지 존속했던 아이누의 주권에 근거한 권리가 아이누의 의사에 따라 메이지 정부에 공식적으로 양도 내지는 포기되었는지가 문제이기 때문입니다. 그리고 메이지 정부는 아이누 집단과의 교섭이나 조약 등을 체결하지 않은 채, 일방적으로 토지나 자연 자원을 빼앗았기 때문에, 메이지 정부의 침략에 대해 아이누 집단은 선주권을 잃지 않았다고 주장할 수 있는 것입니다.

그리고 선주권의 주체가 될 수 있는 아이누 집단을 부활시키는 일

143

은 일본 정부의 의무입니다. 저는 우라호로 아이누 협회처럼 아직도 일본 사회에 동화되지 않고 스스로 아이누 집단으로서의 통일성, 일체성을 유지하며 선주권을 쟁취하려는 아이누가 있음을 잊어서는 안 된다고 생각합니다. 그리고 이렇게 생각하는 아이누 집단은 아직도 많이 존재하고 있습니다. 그리고 중요한 것은 이들 집단이 역사적으로 어떤 집단(고탄)의 어떤 권리를 계승하고 있는지를 검토하는 일입니다. 이것이 UN 선주민족 권리선언을 충실하게 따르는 방법입니다. 따라서 '선주권의 주체가 되는 집단이 더 이상 일본에 존재하지 않는다'는 입장은 국제적으로 결코 인정받을 수 없습니다. 이러한 입장은 현대의 강제적인 동화정책일 뿐입니다.

지금이야말로 메이지 이후 침략의 역사(부정의의 역사)에 대해 시계바늘을 150년 전으로 되돌려 아이누와 일본과의 관계를 재구축할 때입니다. 선주권은 그 새로운 관계를 구축하는 하나의 큰 기둥이 될 것입니다.

〈참고문헌〉
에모리 스스무(榎森進)『아이누 민족의 역사(アイヌ民族の歴史)』(草風館, 2007)
우에키 데쓰야(植木哲也)『학문의 폭력(学問の暴力)』(春風社, 2008)
우에키 데쓰야(植木哲也)『신판 학문의 폭력(新版学問の暴力)』(春風社, 2017)
다카쿠라 신이치로(高倉新一郎)『아이누 정책사(アイヌ政策史)』(日本評論社, 1942)
홋카이도청(北海道庁)『신 홋카이도사 제3권(新北海道史第三巻)』(1969)
Charles F. Wilkinson; American Indians, Times, and the Law; Yale University Press 1987

'인간답게 살 권리'의 회복을 위하여 – 맺음말

홋카이도대 개시문서(開示文書) 연구회 공동대표

시미즈 유지(清水裕二)

저는 아이누 부모님 슬하의 차남으로 1941년 3월, 천황의 '고료 목장 한구석'에서 태어났습니다. 아버지는 니캇푸(新冠) 고료 목장의 한 귀퉁이를 관리하는 상사의 지시로 경작 농사를 맡고 있었기 때문입니다. 그러나 전쟁에 소집되어 사쓰마센다이(薩摩川内) 시의 구 일본 육군 센다이 주둔 부대에 소속되어 종전을 맞이했습니다. 아버지의 소집 해제는 1945년 9월경이었던 것으로 어렴풋이 기억합니다. 어렸던 저는 아버지였음을 모르고 '어떤 아저씨'가 왔던 것으로 기억합니다. 그리고 1947년 4월, 닛신(日新) 소학교에 입학하여 6km 거리를 걸어서 통학하게 되었습니다.

이 시기에 차별과 따돌림을 경험했습니다. 우선 3학년 때, 교정에서 친구들과 놀고 있는데 몇몇 친구들이 "아, 개가 왔다"며 제 뒤를 가리켰습니다. 깜짝 놀라 뒤를 돌아봤지만 개는 없었습니다. 친구들은 바로 크게 웃으며 떠나갔습니다. 불쾌한 의심을 품고 어이없어 했던 일을 분명히 기억합니다.

II 선주권과 아이누 민족

하교 후 저녁, 바쁜 어머니에게 학교에서 있었던 일을 보고하며 "아이누가 무슨 뜻이야?"라고 여쭈었습니다. 놀란 어머니는 "무슨 바보 같은 소릴 하는 거야. 신경 쓰지 말고 열심히 공부해서 샤모(와진(和人); 일본인)가 되어야지!"라고 호통을 치셨습니다. 어린 아이였던 제가 '민족 차별'을 받고 있음을 깨닫게 된 순간이었습니다.

또한, 고학년이 된 어느 날 방과 후, 아이누 자녀들만 남겨진 적이 있습니다. 갑자기 낯선 어른이 찾아와서는 신체검사를 했습니다. 나중에야 학자들이 인류학 조사를 한 것이었음을 어렸음에도 알게 되었습니다. 부끄러워서 최근까지도 묻어두었던 기억입니다. 아무튼 부모님께서 가르쳐주신 것은 근성, 특히나 스파르타식 아버지에게서 물려받은 승부 정신입니다. 새삼 돌아가신 두 분께 감사드릴 따름입니다.

줄곧 품어온 교직에 대한 자부심

부모님은 농지 개방으로 농지를 얻어 개척 농부가 되셨습니다. 공직자인 아버지를 돕기 위해 성심성의껏 열심히 일하시는 어머니의 모습이 뇌리에서 떠나지 않습니다. 중학교 시절에는 조금이라도 빨리 하교해 일을 돕기 위해 부품을 모아 직접 조립한 자전거를 타고 다녔습니다. 자전거 핸들에 독서대를 만들어 독서와 암기를 하며 통학했습니다. 마찬가지로 고등학교 시절에도 여우와 뱀을 조우하던 통학로가 공부의 기회였습니다. 석유램프 덕분에 성적이 오르자, 친구들의 민족적 차별과 편견이 줄어들었습니다. 그리고 고등

'인간답게 살 권리'의 회복을 위하여 – 맺음말

학교의 추천을 받아 단기대학에 입학했는데, 가난한 출신에 시골뜨기라 긴장하며 열심히 공부했던 것 같습니다. 돌이켜보면 소학교부터 단기대학까지 학업의 나날은 민족 차별로 두려움에 떨며 보냈던 슬픈 시절이었습니다. 그 가운데 엄격하면서도 친절하고, 인권의식을 가지고 지도해주신 여성 은사님이 계십니다. 소학교 시절 담임으로, 잊을 수 없는 존경하는 존재입니다.

단기대 졸업 후, 대학 토양비료 연구실에서 연구실 부주임으로 근무한 다음 교원으로 40년 가까이 근무했습니다. 중학교 교사로서 홋카이도 북부에 처음 부임했을 때 '아이누이지만 교사로서 멋지게 살자'고 결의했으나, 일찌감치 걸림돌에 부딪히게 됩니다. 그것은 동료와 학생, 보호자로부터의 편견과 차별이었습니다. 그래도 '조급해하지 말고, 좌절하지 말고, 망설이지 말자'고 스스로를 다독였습니다. 그 과정에서 중학교 사회과 면허를 취득하고, 이과를 중심으로 교과 지도를 했으며, 학생들의 교외 지도에도 힘을 쏟았습니다. 퇴근 후에는 학생들에게 '야간 순찰 선생님'이라는 소리를 들으며 밤늦게까지 학교 부근과 인근 마을까지 비행 예방을 위한 '야간 순찰 활동'을 이어갔습니다. 이때 참고한 것은 소학교 시절 은사님의 지도 태도입니다. 헌법 11조에 명시된 기본적 인권을 자각하고 학생의 인격과 인권을 존중하는 지도입니다.

동료 교사들은 "문제 학생은 아이누의 자녀이니까 시미즈가 담당하라" 등의 발언을 하기도 했습니다. 하지만 도둑질 등 문제 행동을 한 사례에 아이누의 자녀는 단 한 명도 없었습니다. 문제를 일으킨 학생은 선도 조치되고, 담당 교사인 저에게 보고가 들어옵니다. 저는 경찰서에 가서 학생의 보호자에게 연락해 학생을 인계하시라 의뢰합니다. 학부모에게 '양육의식'을 기대했지만, 학생을 데리러 오지 않는 경우도 있었습니다. 그래서 학생과 함께 경찰서에서 하룻밤을 보내게 되었고, 그 횟수는 연간 30회까지 이르렀습니다.

저는 학생 지도 이념으로 '학생을 이름으로만 부르지 않는다', '학생의 인격과 인권을 존중한다', '차별적인 언어폭력을 용납하지 않는다'를 철저히 지켰고, 스스로를 '선생님'이라고 부르지 않았습니다. 이는 제가 교사를 지망하게 된 계기가 된 은사님의 지도관과 자세를 토대로 한 것입니다. 저는 이 이념을 기본으로 교육 실천을 할 수 있었다는 것에 자부심을 느낍니다. 아이누의 조상들은 '가르치고, 훈계하고, 꾸짖는 것'을 교육 이념으로 삼았다고 합니다. 저는 교육 활동에는 신뢰 관계를 유지하는 것도 필수적이라는 것을 잘 알고 있습니다.

그 후 보육원으로 자리를 옮기면서 장애아 교육은 '인내, 끈기, 활기'를 신념으로 실천해야 한다는 것을 알게 되었습니다. 당시에는 장애아와 장애인에 대한 편견이 두드러져 '약자에 대한 편견과 차별은 용납하지 않겠다'는 각오로 임했습니다. '시미즈 씨는 아이누인이다. 관리직으로 적합한가'라는 방해도 있었지만, 일상적인 교육 실천을 인정받아 교감이 되었고, 교장직까지 승진해 학교 경영에 전념했습니다.

퇴직 후 약 20년이 지난 지금, 부끄럽지만 자랑스러운 교사 생활이었다고 자평하고 있습니다.

'인간답게 살 권리'의 회복을 위하여 - 맺음말

아이누 유골의 귀환

홋카이도 150년의 역사를 살펴보면, 아이누의 존재를 전면 부정하는 역사였다고 할 수 있습니다. 언어를 빼앗고, 문화와 관습을 빼앗고, 사는 땅과 집(지세(チセ))까지 빼앗아 인간으로 대우하기를 부정하고, 존엄이나 인권은 전혀 없었습니다. 역사적으로 용서할 수 없는 점은 아이누 인골이 인류학 연구자나 학자들에 의해 도굴되어 연구 표본으로 사용되었다는 것입니다. 세기 말, 국제적으로 인류학 연구가 확산하며 '인류가 사는 육지의 고립된 섬·동양에 백인이 생존하는=아이누' 등으로 서구가 주목하게 됩니다. 메이지부터 쇼와 시대에는 일본인 학자들에 의해 약 50여 곳에 걸친 아이누 유골 발굴=도굴이 일어났다는 사실이 증명되었습니다. 홋카이도대 학자들에 의한 아이누 묘지 발굴은 홋카이도 도내에 그치지 않고, 지시마(千島)와 가라후토(樺太) 각지에서도 이루어졌습니다. 와진의 이러한 아이누 인권을 무시하는 연구 자세는 날카롭게 비난하고 규탄해야 합니다.

빼앗긴 유골의 귀환을 위해 '홋카이도대 개시문서 연구회'와 '고탄의 모임'의 활동을 계속 이어오고 있습니다. 전국 12개 대학과 홋카이도 박물관 등의 시설에 약 1,700구의 아이누 유골이 보관되어 있었으나, 지역 아이누 협회의 협력으로 10%도 되지 않지만 일부 유골의 귀환이 이루어졌습니다. 남은 유골의 대부분은 2019년 말 시라오이초의 '민족 공생 상징공간(우포포이)' 위령 시설에 집약되었습니다. 그리고 이제 집약된 유골의 분석 연구가 이루어질 가능성이 엿보이기 시작했습니다. 비슷한 시기에 '아이누 민족에 관한 연구 윤리 지침' 안이 공표되었습니다. 일본인류학회, 일본문화인류학회, 일본고고학회와 홋카이도 아이누협회가 마련한 안입니다만, 유골 반환 시에는 사죄도 하지 않더니 이제 와서 무엇을, 이라고밖에 할 말이 없습니다. 사죄의 태도를 보이지 않고 위령 시설의 유골을 분석 연구에 활용하려는 의도로밖에 읽히지 않는 내용입니다.

아이누는 틀림없이 홋카이도·가라후토·지시마를 중심으로 한 일본의 선주민족이며, 선주민족의 권리는 국제적으로도 'UN 선주민족 권리선언'에 명시되어 있습니다. 그러나 아이누 인권을 존중하는 자세는 여전히 일본 사회에서 찾아볼 수 없습니다. 아이누 유골 문제는 아이누에게는 아무런 책임이 없고, 와진의 책임 문제이며 와진측 연구자의 책임입니다. 즉, 국민적 문제이며 시민 개개인이 자각할 문제입니다. 아이누로서 납득할 수 있는 해결을 희망합니다.

복권에 기여하기 위해

저는 학교 교직원으로서 홋카이도 내의 중학교, 양호학교, 고등양호학교에서 봉직해 왔습니다. 최선을 다해 자신의 직장을 지키기 위한 노력을 게을리하지 않는 나날이었지만, 일상적으로 '아이누 교사'라는 이유만으로 경멸적인 언행과 태도를 당했습니다. 동료나 관리자의 이런 언행은 잊을 수 없습니다.

일본은 복수민족 국가로, 아이누뿐만 아니라 다양한 사람들이 살아가는 사회라는 것에 대한 이해를 넓히기 위해 교육 관련 단체의 집회나 강좌에서 적극적으로 호소해 왔습니다. 그 과정에서 드러난 것은 국제적으로 인권 후진국이라는 지적을 받고 있는 일본 사회의 모습입니다. 충실한 인권교육과 함께 성숙한 사회 조성을 위한 시민 개개인의 배려가 필요합니다.

홋카이도 도내의 대학과 도립대학의 비상근 강사를 맡아 젊은 학생들의 감수성을 높이는 일도 경험했습니다. 소수민족간담회라는 교육단체를 통해 '선주민족으로서의 아이누'에 대한 올바른 이해 촉진과 아이누의 복권을 위해 학습하는 운동도 전개해 왔습니다. 또한, 일본 사회교육학회를 통해 방문한 나라들에서 교육정책으로서의 선주민족 학교가 잘 운영되고 있는 것을 확인했습니다. 이러한 경험을 통해 지금 필요한 것은 선주민족 교육의 충실화라고 생각합니다. 일본에서는 아이누에 관한 교육은 시간적 여유가 있으면 실천하는 정도의 것입니다. 이래서는 아이들에게 '희귀한 아이누'라는 인상만 전달될 뿐, 역사·문화·인권, 그리고 인간의 존엄성에 대한 이해로 이어지지는 않습니다.

예전에 저는 일본 사회교육학회에서 '아이누 민족 교육에 관한 공동연구회'를 발족해 '아이누 민족 교육학회를 조직하고 싶다'고 주장했습니다. 그 목적은 '아이누 민족교육제도에 관한 학술 연구를 통해 아이누 민족의 복권에 기여하는 것'이었습니다. 지금도 민족 교육의 가능성뿐만 아니라 관련 국내법을 정비해 아이누 민족의 교육권을 확보하기를 간절히 바라고 있다.

마지막으로, 오랜 시간 아시아 지역의 민족과 국가에 대한 연구를 토대로 최근 일본 정부의 아이누 정책에 대해 깊이 통찰한 논고를 책으로 엮어주신 테사 모리스-스즈키 씨에게 진심으로 감사를

Ⅱ 선주권과 아이누 민족

드립니다. 또한, 저와 같은 아이누 민족인 구즈노 쓰기오(葛野次雄) 씨, 나라키 기미코(楢木貴美子) 씨, 사시마 마사키(差間正樹) 씨는 자신의 힘든 경험을 가감 없이 이야기해 주셨고, 변호사 이치카와 모리히로(市川守弘) 씨는 법조인의 관점에서 선주권의 논점을 설명해 주셨습니다. 또한, 이 책이 세상에 나오기까지 가모가와 출판의 히구치 오사무(樋口修) 씨는 홋카이도까지 발로 뛰며 수고해 주셨습니다. 그리고 홋카이도대 개시문서 연구회 도노히라 요시히코(殿平善彦) 공동대표를 비롯한 편집위원 여러분들의 열정과 노력이 있었습니다. 여러분의 평소 활동에 경의를 표하며 깊은 감사를 드립니다.

2020년 6월

자료

● 관련 연표

1869년   메이지 정부가 개척사를 설치하고, 에조치(蝦夷地)를 홋카이도(北海道)로 개칭함.

1875년   정부는 사할린과 쿠릴 열도 교환조약을 통해 러시아령이 된 사할린에서 아이누 민족을 소야(宗谷)로 이주시킴. (이듬해, 쓰이시카리(対雁)로 강제 이주됨)

1883년   삿포로현이 도카치강 상류의 연어잡이를 금지하고, 이듬해 도카치 지방의 아이누 민족이 기아 상태에 빠짐.

1888년   도쿄제국대학의 고가네이 요시키요(小金井良精)가 인류학 연구를 위해 홋카이도를 조사 여행하며 아이누의 유골을 수집함.

1899년   〈홋카이도 구토인 보호법〉 공포.

1905년   러일 전쟁 후의 강화 조약으로 북위 50도 이남의 사할린이 일본령이 됨. 이듬해, 쓰이시카리로 이주한 아이누들의 사할린 귀환이 진행됨.

1923년   지리 유키에(知里幸恵), 『아이누 신요집(神謡集)』을 출판.

1931년   홋카이도제국대학 의학부가 히다카 지방에서 아이누 묘지를 발굴하고 유골 수집을 시작함.

1933년   칙령 〈사할린 아이누의 호적 등록에 관한 건〉 시행.

1945년   소련군이 남사할린과 쿠릴 열도에 침공함. 아이누를 포함한 피난민들이 홋카이도 등 일본령으로 귀환함.

1946년   '홋카이도 아이누협회' 설립. 이후 '홋카이도 우타리협회'로 개칭되었으나, 다시 설립 당시의 이름으로 되

자료

돌림.

1981년　홋카이도 민족문제연구회 대표 가이바자와 히로시(海馬沢博)가 홋카이도대에 아이누 유골 관련 공개질문장 제출.

1982년　홋카이도 우타리협회가 〈홋카이도대에서의 아이누 관련 문제에 대하여〉라는 문서를 홋카이도대에 제출.

1984년　홋카이도 우타리 협회가 '아이누 민족에 관한 법률(안)'을 결의하고, 구토인(舊土人) 보호법의 폐지와 새로운 법 제정을 요구함.

1986년　나카소네 야스히로(中曽根康弘) 총리가 '단일 민족 국가' 발언을 함.

1997년　삿포로 지방법원이 '니부타니댐 소송' 판결에서 아이누 민족을 선주민족(先住民族)으로 인정하고, 문화 향유권도 인정하여 토지 수용을 위법으로 판단함.

〈홋카이도 구토인 보호법〉을 폐지하고, 〈아이누 문화진흥법〉을 공포.

2006년　홋카이도 우타리 협회와 삿포로 의대가 '의대 보관 아이누 유골의 수령·관리·반환 등에 관한 각서'를 체결.

2007년　UN 총회가 〈UN 선주민족 권리선언〉을 채택.

2008년　오가와 류키치(小川隆吉)가 홋카이도대에 아이누 유골 대장과 관련 문서의 공개를 청구.

국회가 〈아이누 민족을 선주민족으로 인정할 것을 요구하는 결의〉를 채택.

홋카이도대 개시문서 연구회(開示文書研究会) 발족.

2009년	'아이누 정책의 방향에 관한 유식자 간담회'가 보고서를 작성함. 이것을 받아 내각관방장관을 좌장으로 하여 아이누 정책추진회의를 설치함.
2012년	정부가 '민족 공생의 상징이 되는 공간' 기본 구상을 발표. 오가와 류키치, 조노구치 유리 등은 우라카와초 기네우스 고탄에서 발굴된 유골의 반환을 요구하며 홋카이도대를 제소(2016년 화해). 2013년 문부과학성이 "전국 12개 대학이 1,635구 이상의 아이누 유골을 보관하고 있다"고 보고.
2014년	몬베쓰 아이누협회가 유골 반환을 요구하며 홋카이도대를 제소함(2016년 화해, 유골 반환). 우라호로 아이누 협회가 유골 반환을 요구하며 홋카이도대를 제소(2017년 화해, 유골 반환). 정부가 〈개인이 특정된 아이누 유골 등의 반환 절차에 관한 가이드라인〉을 발표. 〈아이누 문화의 부흥 등을 촉진하기 위한 민족 공생 상징공간의 정비 및 관리운영에 관한 기본방침〉을 각의 결정.
2015년	유골 반환 소송 원고들이 일본변호사연합회 인권옹호위원회에 아이누 유골 문제에 대한 인권 구제를 신청. 우라카와초에서 '고탄의 모임' 설립.
2016년	'본국 외 출신자에 대한 부당한 차별적 언동의 해소를 위한 대응 추진법(헤이트 스피치 해소법)' 공포.

	소송 화해에 따라 홋카이도대가 기네우스 고탄에 유골 12구를 반환. '고탄의 모임'이 재매장 실시.
	'비라토리 아이누 유골을 생각하는 모임' 결성.
	'아이누 정책 검토 시민회의' 발족.
2017년	아사히카와 아이누 협의회가 유골 반환을 요구하며 홋카이도대를 제소(2018년 화해, 유골 반환).
	독일 민간 학술 단체가 아이누 유골(두개골) 1구를 일본 정부 및 홋카이도 아이누협회에 인도.
	'고탄의 모임'이 시즈나이에서 발굴된 유골 반환을 요구하며 홋카이도대를 제소(2019~2020년 취하).
2018년	'고탄의 모임'이 유골 반환을 요구하며 삿포로 의대 및 홋카이도를 제소(2018년, 2020년 취하).
	우라호로 아이누 협회가 유골 반환을 요구하며 삿포로 의대를 제소(2019년 화해, 유골 반환).
	아이누 유골에서 무단으로 DNA를 추출한 문제와 관련해, 국립과학박물관과 야마나시대에 시미즈 유지 등이 공개질문장 제출.
	엔치우 유족회 설립.
	정부가 〈대학이 보관 중인 아이누 유골 등의 출토 지역에 대한 반환 절차 가이드라인〉을 발표.
2019년	〈아이누 문화 진흥법〉을 폐지하고, 〈아이누 사람들의 긍지가 존중받는 사회를 실현하기 위한 시책 추진에 관한 법률〉을 공포함
	우라호로초가 초립(町立) 박물관 소장 아이누 유골을 우

라호로 아이누 협회에 반환.
시즈나이 아이누 협회 설립.
우라호로 아이누 협회가 유골 반환을 요구하며 도쿄대를 제소함.
몬베쓰 아이누 협회가 모베쓰 강에서 통나무배를 이용해 사할린 송어(가라후토송어) 등을 잡음.
민족 공생 상징공간의 위령 시설로 홋카이도대 등 전국 9개 대학이 보관하던 아이누 유골을 이송함.
일본인류학회, 일본고고학협회, 일본문화인류학회, 홋카이도 아이누 협회가 〈아이누 민족에 관한 연구 윤리 지침안〉을 정리함.

2020년 시즈나이 아이누 협회가 아소 다로 부총리의 '하나의 민족' 발언에 항의 성명을 발표함.
국제올림픽위원회(IOC)가 신종 코로나바이러스 감염증(코로나19) 팬데믹으로 인해 도쿄올림픽을 1년 뒤인 2021년으로 연기하기로 결정함. 민족 공생 상징공간(우포포이)이 완성되었으나, 신종 코로나바이러스 감염증(코로나19) 팬데믹으로 개장이 연기

* 에모리 스스무(榎森進)『아이누 민족의 역사(アイヌ民族の歴史)』(草風館), 우에키 데쓰야(植木哲也)『신판 학문의 폭력』(春風社) 등을 참고하여 작성함.

● UN 선주민족 권리선언
(United Nations Declaration on the Rights of Indigenous Peoples)

2007년 9월 13일 채택

'선주민족 권리에 있어서 가장 포괄적인 국제적 규범'으로 평가받는 중요한 선언입니다. 약칭은 UNDRIP(언드립)입니다. 채택 여부가 표결된 UN 총회에서는 144개국이라는 압도적인 다수가 채택에 찬성하였으며, 당시 반대했던 4개국(미국, 캐나다, 오스트레일리아, 뉴질랜드=아오테아로아)도 2010년까지 모두 선언 지지로 입장을 바꾸었습니다. 일본 정부는 채택에 앞서 2006년 6월 UN 인권 이사회에서 (선주민족의) 민족 자결권은 주권 국가의 영토 주권을 해치지 않는 것으로 해석하며, 집단적 권리는 인정하지 않는다는 태도를 보였지만, 이듬해 열린 UN 총회에서는 선언 채택에 찬성표를 던졌습니다. (편자)

(전문(前文))

UN총회는 UN 헌장의 목적 및 원칙과 헌장에 따라 국가가 지는 의무의 이행에 있어서 성실과 신의에 따라 인도되며, 모든 민족이 서로 다르다는 권리, 자신을 '다르다'고 생각할 권리, 그리고 '다른 존재'로서 존중받을 권리를 가진다는 것을 인정함과 동시에 선주민족이 다른 모든 민족과 평등하다는 것을 확인하며, 모든 민족이 인류의 공동 유산을 이루는 문명과 문화의 다양성 및 풍요로움에 기여하고 있다는 사실도 함께 확인한다.

그리고 국민적 출신이나 인종적, 종교적, 민족적 및 문화적 차이를 근거로 하여 민족 또는 개인의 우월성을 주장하거나 그것을 바탕으로 한 모든 이론, 정책, 관행은 인종차별주의적이며, 과학적으로는 잘못된 것이고, 법적으로는 무효이며, 도덕적으로는 비난받아야 하고, 사회적으로는 부당한 것임을 다시 한번 확인한다. (단락에 수정)

선주민족은 자신들의 권리 행사에 있어서 어떠한 종류의 차별로부터도 자유로워야 한다는 점이 다시 한 번 확인되며, 선주민족은 특히 자신들의 식민지화와 그로 인한 토지, 영역 및 자원의 강탈이라는 결과로 인해 역사적인 불의에 시달려 왔으며, 그로 인해 특히 자신들의 필요와 이익에 따라 발전할 권리를 행사하지 못해 왔다는 점에 대한 우려가 제기된다. 또한, 선주민족의 정치적, 경제적 및 사회적 구조와 그들의 문화, 정신적 전통, 역사, 철학에서 유래하는 고유한 권리, 특히 토지, 영역, 자원에 대한 권리를 존중하고 증진시킬 긴급한 필요성이 있다는 것을 인식한다.

또한, 조약이나 협정, 기타 국가와의 건설적인 합의에서 인정된 선주민족의 권리를 존중하고 증진하는 긴급한 필요성을 다시금 인식하며, 선주민족이 정치적, 경제적, 사회적 및 문화적 향상을 위하여, 그리고 모든 형태의 차별과 억압에 그것이 발생하는 모든 곳에서 종지부를 찍기 위하여 스스로를 조직하는 것, 즉 선주민족에 의한 통제는 그들(그/그녀들)이 자신들의 제도를 유지해 가고 있다는 사실을 환영하며, 선주민족과 그들의 토지, 영역 및 자원에 영향을 미치는 개발에 대해 그들의 문화와 전통을 유지하고 강화하며, 또한 자신들의 바람과 필요에 따른 발전을 촉진하는 것을 가능하게 한다는 확신을 가지며, 선주민족의 지식, 문화 및 전통적인 관습에 대한

자료

존중이 지속 가능하고 공정한 발전 및 환경의 적절한 관리에 기여함을 또한 인식한다.

그리고 공동체가 아동의 권리와 조화를 이루면서, 자신들의 자녀를 양육할 권리를 가진다는 점을 특별히 인식한다. (동)

선주민족의 토지 및 영역의 비군사화가 세계의 여러 국가 및 민족 간의 평화, 경제적·사회적 진보와 발전, 이해 및 우호 관계에 기여함을 강조하고, 선주민족의 가족과 공동체가 아이들의 권리를 양립시키면서 자신들의 아이들의 양육, 교육 및 복리에 대해서 공동의 책임을 가질 권리를 특히 인식하고, 국가와 선주민족 간의 조약, 협정 및 건설적인 합의에 의해 인정되는 권리는 상황에 따라 국제적인 관심과 이익, 책임 및 성격을 가진 문제임을 고려한다. (동)

또한, 조약이나 협정, 기타 건설적인 합의 및 그것들이 나타내는 관계는 선주민족과 국가 간의 보다 견고한 파트너십(대등한 입장에 기초한 협력관계)의 기반이라는 점 역시 고려하며, UN 헌장, 〈경제적, 사회적 및 문화적 권리에 관한 국제규약〉, 〈시민적 및 정치적 권리에 관한 국제규약〉 그리고 〈빈 선언 및 행동계획〉이 모든 민족의 자기결정권과 그 권리에 기초하여 그들(그/그녀들)이 스스로의 정치적 지위를 자유롭게 결정하고, 자신의 경제적, 사회적 및 문화적 발전을 자유롭게 추구할 수 있다는 점의 기본적인 중요성을 확인하고 있음을 승인하며, 본 선언에 포함된 어떠한 규정도 어떤 민족에 대해서도 국제법에 따라 행사되는 자기결정권을 부정하는 데 사용되어서는 안 된다는 점을 명심한다. (동)

본 선언에서 선주민족의 권리를 승인하는 것은 정의와 민주주의, 인권의 존중, 비차별과 신의성실의 원칙에 기초해 국가와 선주민족

간의 조화롭고 협력적인 관계의 증진으로 이어질 것임을 확신하며, 국가에 대해 선주민족에게 적용되는 국제법 문서, 특히 인권에 관련된 문서에 따른 모든 의무를 해당 선주민족과의 협의와 협력에 따라 준수하고 효과적으로 이행할 것을 권장하며, UN이 선주민족의 권리 증진과 보호에 있어서 수행해야 할 중요하고 지속적인 역할을 가지고 있음을 강조하고, 본 선언이 선주민족의 권리와 자유의 승인, 증진 및 보호를 위한, 그리고 이 분야에서 UN 시스템이 관련 활동을 전개하는 데 있어 또 하나의 중요한 진전을 이루는 발걸음임을 믿는다. (동)

선주민족인 개인은 차별 없이 국제법에 의해 인정된 모든 인권을 누릴 권리를 가지고 있으며, 또한 그 민족으로서의 존립과 복지, 통합적 발전에 있어 필수불가결한 집단으로서의 권리를 보유하고 있음을 인식하고 다시 한번 확인하며, 선주민족의 상황이 지역이나 국가에 따라 다르다는 점, 그리고 국가 및 지역적 특성의 중요성과 다양한 역사적·문화적 배경이 고려되어야 한다는 점 역시 인식하면서, 다음의 UN 선주민족 권리선언을 파트너십(대등한 입장에 기초한 협력 관계)과 상호 존중의 정신 아래, 달성해야 할 기준으로서 엄숙히 선언한다.

제1조 선주민족은 집단 또는 개인으로서 UN 헌장, 세계인권선언 및 국제인권법에 의해 인정된 모든 인권과 기본적 자유를 충분히 향유할 권리를 가진다.

제2조 선주민족 및 그 개인은 자유롭고, 다른 모든 민족 및 개인과 평등하며, 자신의 권리를 행사함에 있어 어떠한 형태의 차별, 특

히 선주민족으로서의 출신이나 정체성(소속감)에 근거한 차별로부터도 자유로울 권리를 가진다.

제3조 선주민족은 자기결정권을 가진다. 이 권리에 따라 선주민족은 자신의 정치적 지위를 자유롭게 결정하고, 경제적·사회적·문화적 발전을 자유롭게 추구할 수 있다.

제4조 선주민족은 자기결정권의 행사에 있어 내부적 및 지역적 사안에 관한 자치 또는 자율권을 가지며, 이러한 자치 기능을 수행하기 위한 재원을 확보하는 방법과 수단을 포함한 권리를 가진다.

제5조 선주민족은 국가의 정치적, 경제적, 사회적 및 문화적 삶에 자신이 선택할 경우 완전히 참여할 권리를 가지는 한편, 고유한 정치적, 법적, 경제적, 사회적 및 문화적 제도를 유지하고 강화할 권리를 가진다.

제6조 모든 선주민족 개인은 국적에 대한 권리를 가진다.

제7조 선주민족 개인은 생명, 신체적 및 정신적 온전성, 자유, 그리고 안전에 대한 권리를 가진다. 선주민족은 독자적인 민족으로서 자유롭고 평화롭고 안전하게 살아갈 수 있는 집단적 권리를 가지며, 집단에서 다른 집단으로 아동을 강제로 분리하는 것을 포함한 집단학살(특정 집단을 대상으로 한 대량학살) 행위나 그 외의 모든 형태의 폭력 행위에 노출되어서는 안 된다.

제8조 1 선주민족과 그 구성원은 강제적인 동화나 문화 파괴에 노출되지 않을 권리를 가진다.

2 국가는 다음과 같은 행위를 방지하고 시정하기 위한 효과적인 조치를 취한다.

(a) 고유한 민족으로서의 정체성, 문화적 가치관 또는 민족적 정

체성(소속감)을 박탈할 목적이나 효과를 가지는 모든 행위

(b) 그들로부터 토지, 영토 또는 자원을 박탈할 목적이나 효과를 가지는 모든 행위

(c) 그들의 권리를 침해하거나 손상시키기 위한 목적이나 효과를 가지는 모든 형태의 강제적 이주

(d) 모든 형태의 강제적 동화 또는 통합

(e) 그들에 대한 인종적 또는 민족적 차별을 조장하거나 선동할 의도를 가지는 모든 형태의 프로파간다(유언비어, 거짓, 허위 뉴스 등을 포함한 선전·홍보).

제9조 선주민족 및 그 개인은 관련 공동체 또는 민족에 속할 권리를 가진다. 어떠한 종류의 불이익도 이러한 권리의 행사에서 발생해서는 안 된다.

제10조 선주민족은 자신의 토지 또는 영토로부터 강제로 이동당하지 않는다. 관련 선주민족의 자유롭고 사전 정보에 기반한 동의 없이는 정당하고 공정한 보상에 관한 합의와 가능한 경우 귀환 선택권이 포함된 합의가 이루어지기 전에는 어떠한 이전도 이루어지지 않는다.

제11조 1 선주민족은 자신의 문화적 전통과 관습을 실천하고 재활성화할 권리를 가진다. 여기에는 고고학적 및 역사적 유적, 가공품, 디자인, 의식, 기술, 시각 예술 및 무대 예술, 그리고 문학과 같은 과거, 현재 및 미래에 걸친 자신들의 문화적 표현을 유지·보호하고 발전시킬 권리가 포함된다.

2 국가는 선주민족의 자유롭고 사전 정보에 기반한 동의 없이 그들의 법률, 전통 및 관습에 위배되어 빼앗긴 문화적, 지적, 종교적

및 영적(정신적·초자연적) 재산에 대해, 선주민족과 협력하여 마련된 효과적인 체계를 통해 원상회복을 포함한 구제를 제공해야 한다.

제12조 선주민족은 자신의 정신적 및 종교적 전통, 관습, 의식을 표현하고 실천하며 발전시키고 교육할 권리를 가지며, 그들의 종교적·문화적 유적을 유지·보호하고 사적으로 출입할 권리, 의식용 도구를 사용하고 관리할 권리, 그리고 유골 반환에 대한 권리를 가진다.

국가는 관련 선주민족과 협력하여 공정하고 투명한 효과적인 조치를 통해 의식용 도구와 유골에 대한 접근(도달하거나 입수하여 이용하는 것) 및/또는 반환을 가능하게 해야 한다.

13조 1 선주민족은 자신의 역사, 언어, 구전 전통, 철학, 표기 방법 및 문학을 재활성화하고 사용하며 발전시키고 미래 세대에 전수할 권리를 가지며, 또한 고유한 공동체명, 지명 및 인명을 선택하고 유지할 권리를 가진다.

2 선주민족 개인, 특히 아동은 국가로부터 모든 단계와 형태의 교육을 차별 없이 받을 권리를 가진다.

3 국가는 선주민족과 협력하여 공동체 외에 거주하는 선주민족 개인, 특히 아동이 가능할 경우 고유한 문화 및 언어로 된 교육에 접근(도달하거나 입수하여 이용)할 수 있도록 효과적인 조치를 취해야 한다.

제14조 1 선주민족은 자신들의 문화적 교육 방식 및 학습 방식에 적합한 방법으로, 고유한 언어로 교육을 제공하는 교육 제도 및 시설을 설립하고 관리할 권리를 가진다.

2 선주민족 개인, 특히 아동은 국가가 제공하는 모든 단계와 형태의 교육을 차별 없이 받을 권리를 가진다.

3 국가는 선주민족과 협력하여 공동체 외부에 거주하는 사람을 포함한 선주민족 개인, 특히 아동이 가능한 경우, 고유한 문화 및 언어에 따른 교육에 접근(도달하거나 획득하여 이용)할 수 있도록 효과적인 조치를 취한다.

제15조 1 선주민족은 교육 및 공공 정보에서 자신들의 문화, 전통, 역사 및 염원을 적절히 반영받을 수 있는 존엄성과 다양성에 대한 권리를 가진다.

2 국가는 관련 선주민족과 협력하여 편견과 싸우고 차별을 제거하며, 선주민족과 사회의 다른 모든 구성원 간의 관용, 이해 및 우호적 관계를 증진하기 위해 효과적인 조치를 취한다.

제16조 1 선주민족은 고유 언어로 자체 미디어를 설립할 권리를 가지며, 차별 없이 모든 형태의 비(非)선주민족 미디어에 접근(도달하거나 획득하여 이용)할 수 있는 권리를 가진다.

2 국가는 국영 미디어가 선주민족의 문화적 다양성을 정당하게 반영하도록 보장하기 위해 효과적인 조치를 취해야 한다. 국가는 완전한 표현의 자유를 해치지 않는 범위 내에서, 민간 미디어가 선주민족의 문화적 다양성을 충분히 반영하도록 장려해야 한다.

제17조 1 선주민족 개인 및 선주민족 집단은 적용 가능한 국제 및 국내 노동법 아래에서 보장된 모든 권리를 완전히 누릴 권리를 가진다.

2 국가는 선주민족 아동이 경제적 착취로부터 보호받고, 위험하거나 아동의 교육을 방해하거나, 아동의 건강 및 신체적, 정신적, 영적(초자연적), 도덕적 또는 사회적 발달에 해가 될 수 있는 노동에 종사하지 않도록 보호해야 한다. 이 과정에서 아동이 특히 취약한 존

재임을 인식하고, 그들의 역량 강화(교육을 통한 권리 및 능력의 향상)가 중요함을 고려하여, 선주민족과 협력하고 특별한 조치를 취해야 한다.

3 선주민족 개인은 노동과 관련해 특히 고용이나 임금 등에서 차별적인 조건에 놓이지 않을 권리를 가진다.

제18조 선주민족은 자신의 권리에 영향을 미치는 사안에 대한 의사결정 과정에 자신들이 정한 절차에 따라 스스로 선택한 대표를 통해 참여할 권리를 가지며, 고유의 의사결정 제도를 유지하고 발전시킬 권리를 가진다.

제19조 국가는 선주민족에게 영향을 미칠 수 있는 입법적 또는 행정적 조치를 채택하고 시행하기에 앞서, 그들의 자유롭고 사전 정보에 기반한 동의를 얻기 위해 그 대표 기관을 통해 해당 선주민족과 성실하게 협의하고 협력해야 한다.

제20조 선주민족은 자신들의 정치적, 경제적 및 사회적 제도 또는 기관을 유지하고 발전시킬 권리, 생존과 발전을 위한 고유한 수단을 누릴 권리, 그리고 모든 전통적 및 기타 경제활동에 자유롭게 종사할 권리를 가진다.

자신의 생존 및 발전 수단을 박탈당한 선주민족은 정당하고 공정한 구제를 받을 권리를 가진다.

제21조 1 선주민족은 특히 교육, 고용, 직업 훈련 및 재교육, 주거, 위생, 건강, 그리고 사회 보장을 포함한 경제적 및 사회적 조건의 개선에 대한 권리를 차별 없이 가진다.

2 국가는 그들의 경제적 및 사회적 조건이 지속적으로 개선될 수 있도록 효과적인 조치를 취하고, 적절한 경우에는 특별한 조치도 강구해야 한다. 이때 선주민족의 고령자, 여성, 청년, 아동, 장애인

의 권리와 특별한 필요에 대해 특별한 주의를 기울어야 한다.

제22조 이 선언의 이행에 있어 선주민족의 노인, 여성, 청년, 아동, 그리고 장애인의 권리와 특별한 필요에 대해 특별한 주의가 기울여져야 한다.

국가는 선주민족과 협력하여 선주민족 여성과 아동이 모든 형태의 폭력과 차별로부터 완전한 보호와 보장을 누릴 수 있도록 조치를 취해야 한다.

제23조 선주민족은 자신들의 발전 권리를 실현하기 위한 우선순위와 전략을 스스로 결정하고 개발할 권리를 가진다. 특히, 자신들에게 영향을 미치는 건강, 주거, 기타 경제적 및 사회적 계획의 수립과 실행에 적극적으로 참여할 권리, 그리고 가능한 한 자신들의 제도를 통해 해당 계획을 관리할 권리를 가진다.

제24조 1 선주민족은 의료 목적에 필요한 동식물 및 광물의 보존을 포함하여 자신들의 전통 의학 및 건강 관행을 유지할 권리를 가진다. 또한, 선주민족 개인은 사회 및 보건 서비스에 대해 어떠한 차별도 없이 이용할 권리를 가진다.

2 선주민족 개인은 도달 가능한 최고 수준의 신체적 및 정신적 건강을 누릴 수 있는 평등한 권리를 가진다. 국가는 이 권리의 완전한 실현을 점진적으로 달성하기 위해 필요한 조치를 취해야 한다.

제25조 선주민족은 자신들이 전통적으로 소유하거나, 그 밖의 방식으로 점유 또는 이용해 온 토지, 영토, 수역 및 연안 해역과 그 밖의 자원에 대해 그들과의 고유한 정신적 연관성을 유지하고 강화할 권리, 그리고 이를 미래 세대에게 책임지고 물려줄 권리를 가진다.

제26조 1 선주민족은 자신들이 전통적으로 소유하거나, 점유하

거나, 그 밖의 방식으로 사용하거나 획득해 온 토지, 영토, 자원에 대한 권리를 가진다.

  2 선주민족은 자신들이 전통적인 소유권이나 전통적인 점유 또는 사용, 혹은 기타 방식으로 획득한 토지, 영토, 자원을 소유하고, 사용하며, 개발하고, 관리할 권리를 가진다.

  3 국가는 이들 토지, 영토 및 자원에 대해 법적으로 승인하고 보호하는 조치를 취해야 하며, 그 승인 과정에서는 해당 선주민족의 관습, 전통, 그리고 토지 소유 제도를 충분히 존중해야 한다.

제27조 국가는 해당 선주민족과 협력하여 전통적으로 소유하거나, 그 밖의 방식으로 점유 또는 사용된 토지, 영토, 자원에 관한 선주민족의 권리를 인정하고 판단하기 위한 절차를 마련하고 실행해야 한다.

  이 절차는 공정하고 독립적이며 중립적인, 공개된 투명한 절차이어야 하며, 선주민족의 법, 관습, 토지 소유 제도를 충분히 존중해야 한다. 선주민족은 이 절차에 참여할 권리를 가진다.

제28조 1 선주민족은 자신들이 전통적으로 소유하거나, 점유 또는 사용해 온 토지, 영토 및 자원이 그들의 자유롭고 사전 정보에 입각한 동의 없이 몰수, 수탈, 점유, 사용되거나 피해를 입은 경우, 원상회복을 포함한 수단 또는 그것이 불가능한 경우에는 정당하고 공정하며 형평성 있는 보상 수단을 통해 구제받을 권리를 가진다.

  2 관련 선주민족의 자유로운 별도 합의가 없는 한 보상은 질, 규모, 법적 지위에 있어 동등한 토지·영토·자원의 형태로, 또는 금전적 보상이나 기타 적절한 구제의 형태로 이루어져야 한다.

제29조 1 선주민족은 자신들의 토지, 영토 및 자원의 환경과 생산

능력의 보전 및 보호에 대한 권리를 가진다. 국가는 이러한 보전 및 보호를 위해 선주민족을 위한 차별 없는 지원 프로그램을 수립하고 실행해야 한다.

2 국가는 선주민족의 토지 및 영토에서 그들(그녀들)의 자유롭고 사전의 정보에 기초한 동의 없이 유해물질의 어떠한 저장 및 폐기 처분도 행해지지 않도록 보장하기 위한 효과적인 조치를 취한다.

국가는 또한, 필요한 경우에 그와 같은 물질에 의해 영향을 받은 민족에 의해 책정되고 실행되는 선주민족의 건강을 감시하고, 유지하며, 그리고 회복하기 위한 계획이 적절히 실행되도록 보장하기 위한 효과적인 조치를 취한다.

제30조 1 관련된 공공의 이익에 의해 정당화되거나, 혹은 해당 선주민족에 의한 자유로운 동의 또는 요청이 있는 경우를 제외하고는 선주민족의 토지 또는 영토에서 군사 활동은 행해지지 않는다.

2 국가는 그들(그녀들)의 토지나 영토를 군사 활동에 사용하기 전에 적절한 절차, 특히 그 대표 기관을 통해 해당 민족과 효과적인 협의를 행한다.

제31조 1 선주민족은 인적·유전적 자원, 종자, 약, 동물상·식물상의 특성에 대한 지식, 구술 전통 문학, 디자인, 스포츠 및 전통적 경기, 그리고 시각 예술 및 무대 예술을 포함하는 자국의 문화유산 및 전통적 문화 표현, 그리고 과학, 기술, 문화적 표현을 보존하고, 관리하며, 보호하고, 발전시킬 권리를 가진다. 선주민족은 또한, 이와 같은 문화유산, 전통적 지식, 전통적 문화 표현에 관한 자국의 지적 재산을 보존하고, 관리하며, 보호하고, 발전시킬 권리를 가진다.

2 국가는 선주민족과 연계하여 이러한 권리의 행사를 승인하고

자료

보호하기 위한 효과적인 조치를 취한다.

제32조 1 선주민족은 자신들의 토지 또는 영토 및 기타 자원의 개발 또는 사용을 위한 우선 사항 및 전략을 결정하고 발전시킬 권리를 가진다.

2 국가는 특히 광물, 물 또는 기타 자원의 개발, 이용 또는 채굴과 관련하여 그들(그녀들)의 토지, 영토 및 기타 자원에 영향을 미치는 어떠한 사업의 승인에 앞서, 선주민족 자신들의 대표 기관을 통해, 그들의 자유롭고 정보에 입각한 동의를 얻기 위해, 해당 선주민족과 성실하게 협의하고 협력한다.

3 국가는 그와 같은 어떠한 활동에 대해서도 정당하고 공정한 구제를 위한 효과적인 절차를 제공하고, 환경적, 경제적, 사회적, 문화적 또는 스피리추얼(영적, 초자연적)한 부정적 영향을 완화하기 위한 적절한 조치를 취한다.

제33조 1 선주민족은 자신들의 관습 및 전통에 따라 정체성(귀속의식) 또는 구성원을 결정하는 집단으로서의 권리를 가진다. 이 내용은 선주민족인 개인이 자신이 거주하는 국가의 시민권을 취득할 권리를 침해하지 않는다.

2 선주민족은 자신의 절차에 따라 그 조직의 구조를 결정하고 구성원을 선출할 권리를 가진다.

제34조 선주민족은 국제적으로 승인된 인권 기준에 따라 자신들의 조직 구조 및 고유한 관습, 정신성, 전통, 절차, 관행, 그리고 존재하는 경우에는 사법 제도 또는 관습을 촉진하고, 발전시키며, 유지할 권리를 가진다.

제35조 선주민족은 자신들의 공동체에 대한 개인의 책임을 결정

할 권리를 가진다.

제36조 1 선주민족 특히 국경에 의해 분단되어 있는 선주민족은 영적, 문화적, 정치적, 경제적 및 사회적 목적을 위한 활동을 포함하여, 국경을 넘어 다른 민족뿐만 아니라 자신의 민족 구성원과 접촉하고, 관계를 맺고, 협력할 권리를 가진다.

2 국가는 선주민족과 협의하고 협력하여 이 권리의 행사를 촉진하고, 이 권리의 실현을 보장하기 위한 효과적인 조치를 취한다.

제37조 1 선주민족은 국가 또는 그 승계자와 체결한 조약, 협정 및 기타 건설적 합의의 승인, 이행 및 준수를 요구할 권리를 가지며, 또한 국가는 그러한 조약, 협정 및 기타 건설적 합의를 존중하고 준수하도록 할 책임이 있다.

2 이 선언의 어떤 규정도 조약, 협정, 건설적 합의에 포함된 선주민족의 권리를 축소하거나 철폐하는 것으로 해석되어서는 안 된다.

제38조 국가는 이 선언의 목적을 달성하기 위해 선주민족과 협의하고 협력하여 입법 조치를 포함한 적절한 조치를 취한다.

제39조 선주민족은 이 선언에 명시된 권리의 향유 및 실현을 위해 국가 및 국제 협력을 통한 재정적 및 기술적 지원을 이용할 권리를 가진다.

제40조 선주민족은 국가 또는 기타 주체와의 분쟁 및 갈등 해결을 위해 상호 정당하고 공정한 절차를 이용하고 신속한 결정을 받을 권리를 가지며, 또한 자신들의 개인적 및 집단적 권리에 대한 모든 침해에 대해 효과적인 구제를 받을 권리를 가진다.

그러한 결정은 해당 선주민족의 관습, 전통, 규범, 법 체계 및 국제 인권을 충분히 고려해야 한다.

제41조 UN 체계의 기구 및 전문 기구와 기타 정부 간 기구는 특히 재정 협력 및 기술 지원의 동원을 통해 이 선언의 조항의 완전한 실현에 기여해야 한다.

또한, 선주민족에게 영향을 미치는 문제에 관하여 그들의 참여를 보장하는 방법과 수단을 마련해야 한다.

제42조 UN 및 선주민족 문제에 관한 상설 포럼을 포함한 UN 기관, 각국에 주재하는 전문기구 및 국가는 본 선언의 조항의 존중 및 완전한 적용을 촉진하고, 본 선언의 후속 조치(추적 조치)를 수행한다.

제43조 본 선언에서 인정된 권리들은 전 세계 선주민족의 생존, 존엄 및 복지를 위한 최저 기준을 이룬다.

제44조 여기에서 승인된 모든 권리와 자유는 남성과 여성 선주민족 개인 모두에게 평등하게 보장된다.

제45조 본 선언의 어떠한 규정도 선주민족이 현재 보유하고 있거나 장래에 취득할 수 있는 권리를 축소하거나 소멸시키는 것으로 해석되어서는 안 된다.

제46조 1 본 선언의 어떠한 규정도 어떠한 국가, 민족, 집단 또는 개인이 UN 헌장에 반하는 활동에 종사하거나, 그러한 행위를 수행할 권리를 가진다고 해석되어서는 안 되며, 또는 주권 독립 국가의 영토 보전 또는 정치적 통일을 전부 혹은 일부 분단하거나 해치는 어떠한 행위도 인정하거나 조장하는 것으로 해석되어서는 안 된다.

2 본 선언에서 명시된 권리의 행사는 모든 사람의 인권과 기본적 자유가 존중되어야 한다. 본 선언에 규정된 권리의 행사는 법률에 따라 정해지고 국제 인권상의 의무에 따른 제한에만 따르며, 그러한 제한은 무차별적인 것이어야 하고, 오직 타인의 권리와 자유에 대

한 적절한 승인과 존중을 확보할 목적에서, 그리고 민주적인 사회의 공정하고 또한 가장 절실한 요구에 부합하기 위해서만 엄격하게 필요한 것이어야 한다.

3 본 선언에 규정된 조항들은 정의, 민주주의, 인권 존중, 평등, 비차별, 선한 통치 및 성실의 원칙에 따라 해석된다.

  * 시민외교센터에 의한 가역(2008년 7월 31일, 개정 2008년 9월 21일)을 바탕으로 함. 표기의 일부를 수정함.

● 아이누 민족을 선주민족으로 인정할 것을 요구하는 결의

중의원 본회의, 2008년 6월 가결

작년 9월, UN에서 〈UN 선주민족 권리선언〉이 우리나라 역시 찬성한 가운데 채택되었다. 이는 아이누 민족의 오랜 숙원이 반영된 것이며, 동시에 그 취지를 체득하고 구체적인 행동을 취하는 것이 UN 인권 조약 감시기구로부터 우리나라에 요구되고 있다.

우리나라가 근대화하는 과정에서 다수의 아이누 사람들이 법적으로는 동등한 국민임에도 불구하고 차별받고 빈곤을 강요당했다는 역사적 사실을 우리는 엄숙하게 받아들여야 한다.

모든 선주민족이 명예와 존엄을 유지하고 그 문화와 자긍심을 다음 세대에 계승해 나가는 것은 국제사회의 흐름이며, 또한 이러한 국제적인 가치관을 공유하는 것은 우리나라가 21세기 국제사회를 이끌어가기 위해서도 필수적이다.

특히, 올해 7월에 환경 서밋이라 불리는 G8 정상회의가 자연과의 공존을 근간으로 하는 아이누 민족의 선주지인 홋카이도에서 개최되는 것은 매우 뜻깊은 일이다.

정부는 이를 계기로 다음과 같은 시책을 신속히 강구해야 한다.

1 정부는 〈UN 선주민족 권리선언〉을 바탕으로 아이누 사람들을 일본 열도 북부 주변, 특히 홋카이도에 선주하며, 고유의 언어, 종교와 문화를 가진 선주민족으로 인정할 것.

2 정부는 〈UN 선주민족 권리선언〉이 채택된 것을 계기로 동 선

아이누 민족을 선주민족으로 인정할 것을 요구하는 결의

언에 있는 관련 조항들을 참고하면서 높은 수준에서 전문가의 의견을 들으면서 지금까지의 아이누 정책을 더욱 추진하고, 종합적인 시책의 확립에 힘쓸 것.

위와 같이 결의한다.

※참의원 본회의에서도 같은 취지의 결의가 가결되었다.

● 아이누 사람들의 긍지가 존중되는 사회를 실현하기 위한 시책 추진에 관한 법률(헤이세이 31년 법률 제16호)

2019년 4월 성립

통칭은 〈아이누 시책 추진법〉이며, 본서에서는 '아이누 신법'이라 약칭. 홋카이도 구토인 보호법(1899~1997년), 아이누 문화의 진흥 및 아이누의 전통 등에 관한 지식의 보급 및 계몽에 관한 법률(아이누 문화진흥법, 1997, 2019년)에 이은 제3의 '아이누 대책'법입니다. 국회에서는 일본유신회·희망의 당을 제외한 여·야당의 전 정당이 법안에 찬성하여 가결·성립하였습니다.(편자)

제1장 총칙

(목적)

제1조 이 법률은 일본 열도 북부 주변, 특히 홋카이도의 선주민족인 아이누의 사람들의 긍지의 원천인 아이누의 전통 및 아이누 문화(이하 '아이누의 전통 등'이라 한다.)가 놓여 있는 상황 및 근년의 선주민족을 둘러싼 국제 정세에 비추어 아이누 시책의 추진에 관해 기본 이념, 국가 등의 책무, 정부에 의한 기본 방침의 책정, 민족 공생 상징공간 구성시설의 관리에 관한 조치, 시정촌(특별구를 포함한다. 이하 같다.)에 의한 아이누 시책 추진 지역계획의 작성 및 그 내각총리대신에 의한 인정을 해당 인정을 받은 아이누 시책 추진 지역계획에 근거한 사업에 대한 특별 조치, 아이누 정책 추진 본부의 설치 등에 관하여 정함으로써 아이누의 사람들이 민족으로서의 긍지를 가지고

아이누 사람들의 긍지가 존중되는 사회를 실현하기 위한 시책 추진에 관한 법률

생활할 수 있고, 또한 그 긍지가 존중되는 사회 실현을 도모하고, 나아가 모든 국민이 상호에 인격과 개성을 존중하면서 공생하는 사회의 실현에 이바지함을 목적으로 한다.

(정의)

제2조 1 이 법률에 있어서 '아이누 문화'란, 아이누어 및 아이누에서 계승되어 온 생활양식, 음악, 무용, 공예 기타의 문화적 소산 및 이들로부터 발전한 문화적 소산을 말한다.

2 이 법률에 있어서 '아이누 시책'이란 아이누 문화의 진흥 및 아이누의 전통 등에 관한 지식의 보급 및 계몽(이하 '아이누 문화의 진흥 등'이라 한다) 및 아이누의 사람들이 민족으로서의 긍지를 가지고 생활하기 위한 아이누 문화의 진흥 등에 이바지하는 환경의 정비에 관한 시책을 말한다.

3 이 법률에서의 '민족 공생 상징공간 구성시설'이란 민족 공생 상징공간(아이누 문화의 진흥 등의 거점으로서 국토교통성령·문부과학성령에서 정하는 장소에 정비되는 '국유재산법'(1948년 법률 제73호) 제3조 제2항에 규정된 행정재산을 말한다)을 구성하는 시설(그 부지를 포함한다)로서, 국토교통성령·문부과학성령에서 정하는 것을 말한다.

(기본 이념)

제3조 1 아이누 시책의 추진은 아이누 사람들의 민족으로서의 긍지가 존중되도록 아이누 사람들의 긍지의 원천인 아이누의 전통 등과 아울러 우리나라를 포함한 국제사회에서 중요한 과제인 다양한 민족의 공생 및 다양한 문화의 발전에 대한 국민의 이해를 깊게 하는 것을 취지로 하여 이루어져야 한다.

2 아이누 시책의 추진은 아이누 사람들이 민족으로서의 긍지를

가지고 생활할 수 있도록 아이누 사람들의 자발적인 의사의 존중에 배려하면서 이루어져야 한다.

3 아이누 시책의 추진은 국가, 지방공공단체 그 밖의 관계자들의 상호 긴밀한 연계를 도모하면서, 아이누 사람들이 홋카이도뿐만 아니라 전국에서 생활하고 있다는 것을 고려하여 전국적인 시점에서 이루어져야 한다.

제4조 누구든지 아이누 사람들에게 아이누라는 이유로 차별하거나 그 밖의 권리이익을 침해하는 행위를 하여서는 안 된다.

(국가 및 지방공공단체의 책무)

제5조 1 국가 및 지방공공단체는 앞의 두 조에 정한 기본이념에 따라 아이누 시책을 책정하고 시행할 책무를 가진다.

2 국가 및 지방공공단체는 아이누 문화를 계승하는 자의 육성에 관하여 적절한 조치를 강구하도록 노력하지 않으면 안 된다.

3 국가 및 지방공공단체는 교육 활동, 홍보 활동 그 밖의 활동을 통해 아이누에 관하여 국민의 이해를 깊게 하도록 노력하지 않으면 안 된다.

4 국가는 아이누 문화의 진흥 등에 이바지하는 조사 연구를 추진하도록 노력함과 동시에, 지방공공단체가 실시하는 아이누 시책을 추진하기 위해 필요한 조언 기타 조치를 강구하도록 노력해야 한다.

(국민의 노력)

제6조 국민은 아이누 사람들이 민족으로서의 긍지를 가지고 생활할 수 있으며, 또한 그 긍지가 존중되는 사회의 실현에 기여하도록 노력해야 한다.

제2장

(기본방침)

제7조 1 정부는 아이누 시책의 종합적이고 효과적인 추진을 도모하기 위한 기본적인 방침(이하 '기본방침'이라 한다)을 정하지 않으면 안 된다.

2 기본방침에는 다음에 기재한 사항을 정하는 것으로 한다.

    1호 아이누 시책의 의의 및 목표에 관한 사항

    2호 정부가 실시해야 할 아이누 시책에 관한 기본적인 방침

    3호 민족 공생 상징공간 구성시설의 관리에 관한 기본적인 사항

    4호 제10조 제1항에 규정된 아이누 시책추진지역계획의 동조 제9항에 따른 인정에 관한 기본적인 사항

    5호 전 각 호에 기재한 것 외에 아이누 시책의 추진을 위하여 필요한 사항

3 내각총리대신은 아이누 정책 추진본부가 작성한 기본방침(안)에 대해 각의(국무회의)의 결정을 요구하지 않으면 안 된다.

4 내각총리대신은 전항의 규정에 따른 각의의 결정이 있었을 때에는 지체 없이 기본방침을 공표하지 않으면 안 된다.

5 정부는 정세의 추이에 따라 필요가 생겼을 경우는 기본방침을 변경하지 않으면 안 된다.

6 제3항 및 제4항의 규정은 기본방침의 변경에 관해서 준용한다.

(도도부현 방침)

제8조 1 도도부현지사는 기본방침에 따라, 해당 도도(이하 이 조 및 제10조에 있어서 '도도부현방침'이라 한다)를 정하도록 노력하는 것으로 한다.

2 도도부현방침에는 대체로 다음에 열거하는 사항을 정하는 것

으로 한다.

하나, 아이누 시책의 목표에 관한 사항

둘, 해당 도도부현이 실시해야 할 아이누 시책에 관한 방침

셋, 위에서 열거한 것 외에 아이누 시책의 추진을 위하여 필요한 사항

3 도도부현지사는 도도부현방침에 다른 지방공공단체와 관계가 있는 사항을 정하려고 할 때는 해당 사항에 대하여 미리 해당 다른 지방공공단체의 장의 의견을 들어야 한다.

4 도도부현지사는 도도부현방침을 정했을 때는 지체 없이 이를 공표하도록 노력하는 동시에 관계 시정촌장에게 통지하지 않으면 안 된다.

5 전 2항의 규정은 도도부현방침의 변경에 대하여 준용한다.

제3장 민족 공생 상징공간 구성시설의 관리에 관한 조치

제9조 1 국토교통대신 및 문부과학대신은 제20조 제1항의 규정에 따라 지정을 했을 때는 민족 공생 상징공간 구성시설의 관리를 해당 지정을 받은 자(다음 항에 있어서 '지정 법인'이라 한다)에게 위탁하는 것으로 한다.

2 전항의 규정에 따라 관리의 위탁을 받은 지정 법인은 해당 위탁을 받아 행하는 민족 공생 상징공간 구성시설의 관리에 필요한 비용에 충당하기 위하여, 민족 공생 상징공간 구성시설에 대하여 입장료 기타 요금(제22조 제2항에 있어서 '입장료 등'이라 한다)을 징수할 수 있다.

3 전항에 정한 것 외에 제1항의 규정에 따른 위탁에 필요한 사항은 정령으로 정한다.

제4장 아이누 시책 추진 지역계획의 인정 등

(아이누 시책 추진 지역계획의 인정)

제10조 1 시정촌(시 또는 정 또는 촌을 말함)은 단독으로 또는 공동으로 기본방침에 따라(해당 시정촌을 포함하는 도도부현의 지사가 도도부현방침을 정하고 있는 경우에는, 기본방침에 따름과 동시에 해당 도도부현방침을 감안하여) 내각부령으로 정하는 바에 따라 해당 시정촌의 구역 내에서의 아이누 시책을 추진하기 위한 계획(이하 '아이누 시책 추진 지역계획'이라 한다)을 작성하고, 내각총리대신의 인정을 신청할 수 있다.

2 아이누 시책 추진 지역계획에는 다음에 열거하는 사항을 기재하는 것으로 한다.

    하나. 아이누 시책 추진 지역계획의 목표

    둘. 아이누 시책에 관한 사항

        가. 아이누 문화의 보존 또는 계승에 이바지하는 사업

        나. 아이누의 전통 등에 관한 이해를 촉진하는 데 이바지하는 사업

        다. 관광 진흥 기타 산업진흥에 이바지하는 사업

        라. 지역 내 또는 지역 간의 교류 또는 국제교류 촉진에 이바지하는 사업

        마. 그 밖에 내각부령으로 정하는 사업

    셋. 계획 기간

    넷. 그 밖에 내각부령으로 정하는 사항

3 시정촌은 아이누 시책 추진 지역계획을 작성하려고 할 때는 그 계획에 기재하려는 전항 제2호에 규정된 사업을 실시하는 자의 의견을 들어야 한다.

4 제2항 제2호(라를 제외한다)에 규정된 사업에 관한 사항에는 아이누가 계승해 온 의식의 실시 기타 아이누 문화의 진흥 등에 이용하기 위한 임산물을 국유임야(국유임야의 관리경영에 관한 법률(쇼와 26년 법률 제246호) 제2조 1에 규정된 국유림야를 말한다. 제16조 1에서도 같다)에서 채취하는 사업에 관한 사항을 기재할 수 있다.

5 전항에 정한 것 외에 제2항 제2호(라를 제외한다)에 규정된 사업에 관한 사항에는 아이누가 계승해 온 의식 또는 어법(이하 이 항에 있어서 '의식 등'이라 한다)의 보존 또는 계승, 또는 의식 등에 관한 지식의 보급 및 계몽에 이용하기 위한 연어를 내수면(수산업법(쇼와 24년 법률 제267호) 제8조 3에 규정된 내수면을 말한다)에서 포획하는 사업(이하 이 조 및 제17조에 있어서 "내수면 연어 포획 사업"이라 한다)에 관한 사항을 기재할 수 있다.

이 경우에는 내수면 연어 포획 사업마다 해당 내수면 연어 포획 사업을 실시하는 구역을 기재하는 것으로 한다.

6 전 2항에 정한 것 외에 제2항 제2호(다에 해당하는 부분에 한정한다)에 규정된 사업에 관한 사항에는 해당 시정촌에서 지역의 명칭 또는 그 약칭을 포함하는 상표를 사용하거나 또는 사용할 것으로 예상되는 상품 또는 용역의 수요 개척을 행하는 사업(이하 이 항 및 제18조에서 '상품 등 수요개척사업'이라 한다)에 관한 사항을 기재할 수 있다.

이 경우에는 상품 등 수요개척사업마다 해당 사업의 목표 및 실시 기간을 기재하는 것으로 한다.

7 제2항 제2호 가에서 마까지의 어느 하나에 해당하는 사업을 실시하고자 하는 자는 시정촌에 대해 아이누 시책 추진 지역계획의 작성을 제안할 수 있다.

이 경우, 기본방침에 따라 해당 제안과 관련된 아이누 시책 추진 지역계획의 초안을 작성하여 이를 제시해야 한다.

8 전항의 규정에 따른 제안을 받은 시정촌은 해당 제안에 근거하여 아이누 시책 추진 지역계획을 작성할 것인지의 여부에 대해 지체 없이 해당 제안자에게 통지해야 한다.

이 경우, 아이누 시책 추진 지역계획을 작성하지 않기로 한 경우에는 그 이유를 분명히 밝혀야 한다.

9 내각총리대신은 제1항의 규정에 따른 인정을 위한 신청이 있었을 때, 아이누 시책 추진 지역계획이 다음의 기준에 적합하다고 인정되는 경우에는 그 인정을 하여야 한다.

 하나. 기본방침에 적합할 것.
 둘. 해당 아이누 시책 추진 지역계획 실시가 해당 지역에서의 아이누 시책의 추진에 상당한 정도로 기여한다고 인정될 것.

10 내각총리대신은 전항의 인정을 함에 있어 필요하다고 인정하는 경우, 아이누정책추진본부에 의견을 구할 수 있다.

11 내각총리대신은 제9항의 인정을 하려는 경우, 그 취지를 해당 인정과 관련된 아이누 시책 추진 지역계획을 작성한 시정촌을 포함하는 도도부현의 지사에게 통지하여야 한다.

이 경우 해당 도도부현의 지사가 도도부현방침을 정하고 있는 경우에는 동일 항의 인정에 대해 내각총리대신에게 의견을 진술할 수 있다.

12 내각총리대신은 아이누 시책 추진 지역계획에 특정 사업 관련 사항(제4항부터 제6항까지의 어느 하나에 규정된 사항을 말한다. 이하 같다)이 기재되어 있는 경우에 제9항의 인정을 하려는 때에는 해당 특정 사업 관련 사항에 대해 그 사항에 관련된 국가의 관계 행정기관의 장(이하 단

순히 '국가의 관계 행정기관의 장'이라 한다)의 동의를 얻어야 한다.

13 내각총리대신은 아이누 시책 추진 지역계획에 내수면 연어 채포사업에 관한 사항이 기재되어 있고, 제9항의 인정을 한 경우에는 해당 내수면 연어 채포사업을 시행하려는 구역에 대해 그 아이누 시책 추진 지역계획을 작성한 시정촌(시정촌이 공동으로 작성한 경우를 포함하되, 시정촌에 한함)을 포함하는 도도부현의 지사의 의견을 들어야 한다.

14 내각총리대신은 제9항의 인정을 한 경우에는 지체 없이 그 취지를 공시해야 한다.

(인정을 받은 아이누 시책 추진 지역계획의 변경)

제11조 1 시정촌은 전조 제9항의 인정을 받은 아이누 시책 추진 지역계획의 변경(내각부령으로 정하는 경미한 변경을 제외한다)을 하려는 경우에는 내각총리대신의 인정을 받아야 한다.

2 전조 제3항부터 제14항까지의 규정은 같은 조 제9항의 인정을 받은 아이누 시책 추진 지역계획의 변경에 대해 준용한다.

(보고의 징수)

제12조 1 내각총리대신은 제10조 제9항의 인정을 받은 시정촌(이하 '인정 시정촌'이라 한다)에 대해, 제10조 제9항의 인정을 받은 아이누 시책 추진 지역계획(전조 제1항의 변경에 대한 인정을 받은 경우에는 그 변경 후의 것을 말한다. 이하 '인정 아이누 시책 추진 지역계획'이라 한다)의 시행 상황에 대해 보고를 요구할 수 있다.

2 국가의 관계 행정 기관의 장은 인정 아이누 시책 추진 지역계획에 특정 사업 관련 사항이 기재되어 있는 경우에는 인정 시정촌에

대해 해당 특정 사업 관련 사항의 시행 상황에 대해 보고를 요구할 수 있다.

(조치의 요구)

제13조 1 내각총리대신은 인정 아이누 시책 추진 지역계획의 적정한 시행을 위해 필요하다고 인정하는 경우에는 인정 시정촌에 대해 해당 인정 아이누 시책 추진 지역계획의 시행과 관련된 필요한 조치를 강구할 것을 요구할 수 있다.

2 국가의 관계 행정 기관의 장은 인정 아이누 시책 추진 지역계획에 특정 사업 관련 사항이 기재되어 있는 경우에 해당 특정 사업 관련 사항의 적정한 시행을 위해 필요하다고 인정하는 경우에는 인정 시정촌에 대해 해당 특정 사업 관련 사항의 시행과 관련된 필요한 조치를 강구할 것을 요구할 수 있다.

(인정의 취소)

제14조 1 내각총리대신은 인정 아이누 시책 추진 지역계획이 제10조 제9항 각 호 중 어느 하나에도 더 이상 적합하지 않다고 인정하는 경우에는 그 인정을 취소할 수 있다.

이 경우, 해당 인정 아이누 시책 추진 지역계획에 특정 사업 관련 사항이 기재되어 있을 때는 내각총리대신은 미리 국가의 관계 행정 기관의 장에게 그 취지를 통지해야 한다.

2 전항의 규정에 따른 통지를 받은 국가의 관계 행정 기관의 장은 동 항의 규정에 따른 인정 취소에 관하여 내각총리대신에게 의견을 진술할 수 있다.

3 전항에 규정된 경우 외에도 국가의 관계 행정 기관의 장은 인정 아이누 시책 추진 지역계획에 특정 사업 관련 사항이 기재되어 있는

경우에는 제1항의 규정에 따른 인정 취소에 관해 내각총리대신에게 의견을 진술할 수 있다.

제4항 제10조 제14항의 규정은 제1항의 규정에 따른 인정 취소에 대해 준용한다.

제5장 인정 아이누 시책 추진 지역계획에 근거한 사업에 대한 특별 조치

(교부금의 교부 등)

제15조 1 국가는 인정 시정촌에 대해 인정 아이누 시책 추진 지역계획에 근거한 사업(제10조 제2항 제2호에 규정된 것에 한한다)의 시행에 필요한 경비에 충당하기 위하여 내각부령으로 정하는 바에 따라 예산의 범위 내에서 교부금을 교부할 수 있다.

2 전항의 교부금을 충당하여 시행되는 사업에 필요한 비용에 대해서는 다른 법령의 규정에 따른 국가의 부담 또는 보조 또는 교부금의 교부는 해당 규정에도 불구하고 실시하지 않는 것으로 한다.

3 전 2항에 정한 것 외에 제1항의 교부금의 교부에 관하여 필요한 사항은 내각부령으로 정한다.

(국유임야에 있어서의 공용임야의 설정)

제16조 1 농림수산대신은 국유임야의 경영과 인정 시정촌(제10조 제4항에 규정하는 사항을 기재한 인정 아이누 시책 추진 지역계획을 작성한 시정촌에 한한다. 이하 이 항에 있어서 같다)의 주민의 이용과를 조정하는 것이 토지 이용의 고도화를 도모하기 위하여 필요하다고 인정할 때에는 계약에 의하여 당해 인정 시정촌의 주민 또는 당해 인정 시정촌 내의 일정 구역에 주소를 가진 자에 대하여 이들이 동조 제4항의 규정에 따

아이누 사람들의 긍지가 존중되는 사회를 실현하기 위한 시책 추진에 관한 법률

라 기재된 사항에 관계되는 국유임야를 아이누에게 계승되어 온 의식의 실시 기타 아이누 문화의 진흥 등에 이용하기 위한 임산물의 채취에 공동으로 사용하는 권리를 취득하게 할 수 있다.

2 전항의 계약은 국유임야의 관리경영에 관한 법률 제18조 제3항에 규정하는 공용임야 계약으로 간주하여 동법 제5장(동조 제1항 및 제2항을 제외한다)의 규정을 적용한다.

이 경우에 있어서 동조 제3항 본문 중 '제1항'이라 함은 "아이누의 사람들의 자긍심이 존중되는 사회를 실현하기 위한 시책의 추진에 관한 법률(2019년 법률 제16호) 제16조 제1항"으로, '시정촌'이라 함은 '인정 시정촌(동법 제12조 제1항에 규정하는 인정 시정촌을 말한다. 이하 같음)'으로, 동항 단서 및 동법 제19조 제5호, 제22조 제1항 및 제24조 중 '시정촌'이라 함은 '인정 시정촌'으로, 동법 제18조 제4항 중 '제1항'이라 함 및 동법 제21조의2 중 '제18조'라 함은 '아이누의 사람들의 자긍심이 존중되는 사회를 실현하기 위한 시책의 추진에 관한 법률 제16조 제1항'으로 한다.

(어업법 및 수산자원보호법에 따른 허가에 관한 배려)

제17조 농림수산대신 또는 도도부현 지사는 인정 아이누 시책 추진 지역계획에 기재된 내수면 연어 포획 사업의 실시를 위하여 어업법 제65조 제1항 또는 제2항 또는 수산자원보호법(쇼와 26년 법률 제313호) 제4조 제1항 또는 제2항의 규정에 기초한 농림수산성령 또는 도도부현의 규칙의 규정에 따른 허가가 필요한 경우에 있어서 해당 허가를 요구받았을 때는 해당 내수면 연어 포획 사업이 원활하게 실시될 수 있도록 적절한 배려를 하여야 한다.

자료

(상표법의 특례)

제18조 1 인정 아이누 시책 추진 지역계획에 기재된 상품 등 수요 개척 사업에 대하여는 해당 상품 등 수요 개척사업의 실시 기간(다음 항 및 제3항에서 단순히 '실시 기간'이라 한다) 내에 한하여 다음 항부터 제6항까지의 규정을 적용한다.

2 특허청 장관은 인정 아이누 시책 추진 지역계획에 기재된 상품 등 수요 개척 사업에 관련된 상품 또는 용역에 관한 지역단체 상표의 상표등록(상표법(쇼와34년 법률 127호) 제7조의 2 제1항에서 규정하고 있는 지역단체 상표의 상표등록을 말한다. 이하 이 항 및 다음 항에서도 동일하다)에 대하여 동법 제40조 제1항 혹은 제2항 또는 제41조의 2 제1항 혹은 제7항의 등록료를 납부하여야 하는 자가 해당 상품 또는 용역에 관한 상품 등 수요 개척사업의 실시 주체일 경우에는 정령으로 정하는 바에 따라 해당 등록료(실시 기간 내에 지역단체 상표의 상표 등록을 받을 경우의 것이나, 실시 기간 내에 지역단체 상표의 상표 등록에 관련된 상표권의 존속 기간 갱신 등록을 신청하는 경우의 것으로 한정한다)를 경감하거나 또는 면제할 수 있다. 이 경우에 있어서 동 법 제18조 제2항 및 제23조 제1항 및 제2항의 규정의 적용에 관하여는 이들 규정 중 '납부가 있었을 때'라고 하는 부분은 '납부 또는 그 납부의 면제가 있었을 때'로 본다.

3 특허청 장관은 인정 아이누 시책 추진 지역계획에 기재된 상품 등 수요 개척사업에 관련된 상품 또는 역무에 관련된 지역단체 상표의 상표 등록에 대하여 해당 지역단체 상표의 상표 등록을 받고자 하는 자가 해당 상품 또는 역무에 관련된 상품 등 수요 개척 사업의 실시 주체인 경우에는 정령으로 정하는 바에 따라 상표법 제76조 제2항의 규정에 따라 납부하여야 하는 상표 등록 출원의 수수료(실시

기간 내에 상표 등록 출원을 하는 경우에 한한다)를 경감하거나 또는 면제할 수 있다.

4 상표법 제40조 제1항 또는 제2항 또는 제41조의2 제1항 또는 제7항의 등록료는 상표권이 제2항의 규정에 따른 등록료의 경감 또는 면제(이하 이 항에서 '감면'이라 한다)를 받는 자를 포함하는 자의 공유에 관련된 경우로서 지분의 정함이 있는 때에는 동일 법 제40조 제1항 또는 제2항 또는 제41조의2 제1항 또는 제7항의 규정에도 불구하고, 각 공유자마다 이들에 규정된 등록료의 금액(감면을 받는 자에 대하여는 그 감면 후의 금액)에 그 지분의 비율을 곱하여 얻은 금액을 합산하여 얻은 금액으로 하고, 그 금액을 납부하여야 한다.

5 상표 등록 출원으로 인해 생긴 권리가 제3항의 규정에 따른 상표 등록 출원의 수수료의 경감 또는 면제(이하 이 항에서 '감면'이라 한다)를 받는 자를 포함하는 자의 공유에 관련된 경우로서 지분의 정함이 있는 때에는 이들 자가 자신의 상표 등록 출원으로 인해 생긴 권리에 대해 상표법 제76조 제2항의 규정에 따라 납부하여야 하는 상표 등록 출원의 수수료는 동일 항의 규정에도 불구하고, 각 공유자마다 동일 항에 규정된 상표 등록 출원의 수수료의 금액(감면을 받는 자에 대하여는 그 감면 후의 금액)에 그 지분의 비율을 곱하여 얻은 금액을 합산하여 얻은 금액으로 하고, 그 금액을 납부하여야 한다.

6 전 2항의 규정에 따라 산정한 등록료 또는 수수료의 금액에 10엔 미만의 끝수가 있는 경우에는 그 끝수는 절사하는 것으로 한다.

자료

제6장 지정 법인
(지정 등)

제20조 1 국토교통대신 및 문부과학대신은 아이누 문화의 진흥 등을 목적으로 하는 일반사단법인 또는 일반재단법인으로서, 다음 조에 규정하는 업무를 적정하고 확실하게 수행할 수 있다고 인정되는 것을 그 신청에 따라 전국을 통틀어 하나에 한하여 동조에 규정하는 업무를 수행하는 자로서 지정할 수 있다.

2 국토교통대신 및 문부과학대신은 전항의 신청을 한 자가 다음 각 호의 어느 하나에 해당할 때에는 동항의 규정에 따른 지정을 하여서는 아니 된다.

  가. 이 법률의 규정에 따라 벌금형에 처해지고, 그 집행을 마치거나 또는 그 집행을 받지 않게 된 날로부터 2년이 경과하지 아니한 자일 것.

  나. 제30조 제1항의 규정에 따라 지정이 취소되고, 그 취소의 날부터 2년이 경과하지 아니한 자일 것.

  다. 그 임원 중에 다음 어느 하나에 해당하는 자가 있을 것.

  라. 금고 이상의 형에 처해졌거나 또는 이 법률의 규정에 따라 벌금형에 처해지고, 그 집행을 마치거나 또는 그 집행을 받지 않게 된 날부터 2년이 경과하지 아니한 자.

  마. 제27조 제2항의 규정에 따른 명령에 의해 해임되고, 그 해임의 날부터 2년이 경과하지 아니한 자

3 국토교통대신 및 문부과학대신은 제1항의 규정에 따라 지정을 했을 때는 해당 지정을 받은 자(이하 '지정 법인'이라 한다)의 명칭, 주소 및 사무소의 소재지를 공시하지 않으면 안 된다.

4 지정 법인은 그 명칭, 주소 또는 사무소의 소재지를 변경하려는 경우에는, 미리 그 취지를 국토교통 대신 및 문부과학대신에게 신고하지 않으면 안 된다.

5 국토교통대신 및 문부과학대신은 전항의 규정에 의한 신고가 있었을 때는 해당 신고에 관계된 사항을 공시하지 않으면 안 된다.

(업무)

제21조 지정 법인은 다음에 열거하는 업무를 수행하는 것으로 한다.

가. 제9조 제1항의 규정에 따른 위탁을 받아 민족 공생 상징공간 구성시설의 관리를 수행하는 것.

나. 아이누 문화를 계승하는 자의 육성 기타 아이누 문화의 진흥에 관한 업무를 수행하는 것.

다. 아이누의 전통 등에 관한 홍보 활동 기타 아이누의 전통 등에 관한 지식의 보급 및 계몽을 수행하는 것.

라. 아이누 문화의 진흥 등에 이바지하는 조사·연구를 수행하는 것.

마. 아이누 문화의 진흥, 아이누의 전통 등에 관한 지식의 보급 및 계몽 또는 아이누 문화의 진흥 등에 이바지하는 조사·연구를 수행하는 자에 대해 자문, 보조 기타 원조를 수행하는 것.

바. 전 각 호에 열거한 것 외에 아이누 문화의 진흥 등을 도모하기 위해 필요한 업무를 수행하는 것.

(민족 공생 상징공간 구성시설 관리업무 규정)

제22조 1 지정 법인은 전조 제1호에 열거된 업무(민족 공생 상징공간 구성시설 관리업무)에 관한 규정(이하 '민족 공생 상징공간 구성시설 관리업무 규

정'이라 한다)을 정하고, 국토교통대신 및 문부과학대신의 인가를 받아야 한다. 이를 변경하려는 경우에도 마찬가지로 한다.

 2 민족 공생 상징공간 구성시설 관리업무 규정에는 민족 공생 상징공간 구성시설 관리업무의 실시 방법, 민족 공생 상징공간 구성시설의 입장료 등 기타 국토교통성령 및 문부과학성령으로 정하는 사항을 정해두지 않으면 안 된다.

 3 국토교통대신 및 문부과학대신은 제1항의 인가를 받은 민족 공생 상징공간 구성시설 관리업무 규정이 민족 공생 상징공간 구성시설 관리업무의 적정하고 확실한 실시상 부적당하다고 인정할 경우는 지정 법인에게 이를 변경해야 할 것을 명할 수 있다.

(사업 계획 등)

 제23조 지정 법인은 매 사업연도마다 사업 계획서 및 수지 예산서를 작성하고, 해당 사업연도의 개시 전에 (제20조 제1항의 규정에 의한 지정을 받은 날이 속하는 사업연도의 경우에는 그 지정을 받은 후 지체 없이), 국토교통대신 및 문부과학대신의 인가를 받아야 한다. 이를 변경하려는 경우에도 마찬가지로 한다.

 지정 법인은 매 사업연도마다 사업보고서 및 수지결산서를 작성하고, 해당 사업연도의 종료 후 3개월 이내에 국토교통대신 및 문부과학대신에게 제출하지 않으면 안 된다.

(구분 회계)

 제24조 지정 법인은 국토교통성령 및 문부과학성령에서 정하는 바에 따라 민족 공생 상징공간 구성시설 관리업무에 관한 회계와 그 외의 업무에 관한 회계를 구분하여 정리하지 않으면 안 된다.

아이누 사람들의 긍지가 존중되는 사회를 실현하기 위한 시책 추진에 관한 법률

(국가 파견 직원에 관한 특례)

제25조 1 국가공무원법(쇼와 22년 법률 제120호) 제106조의2 제3항에 규정된 퇴직수당 통산 법인에는 지정법인을 포함하는 것으로 한다.

2 국가 파견 직원(국가공무원법 제2조에 규정된 일반직에 속하는 직원이, 임명권자 또는 그 위임을 받은 자의 요청에 따라 지정 법인의 직원(항시 근무하지 않아도 되는 자를 제외하고 제21조에 규정된 업무에 종사하는 자에 한정한다. 이하 이 항에서 같다)이 되기 위해 퇴직하고, 계속하여 해당 지정 법인의 직원이 되어 계속하여 해당 지정 법인의 직원으로 재직하고 있는 경우의 해당 지정 법인의 직원을 말한다. 다음 항에서 동일함)은 국가공무원퇴직수당법(쇼와 28년 법률 제182호) 제7조의2 및 제20조 제3항의 규정 적용 시 동법 제7조의2 제1항에 규정된 공고(公庫) 등 직원으로 간주한다.

3 지정 법인 또는 국 파견 직원은 국가공무원공제조합법(쇼와 33년 법률 제128호) 제124조의2의 규정 적용 시 각각 동조 제1항에 규정된 공고 등 또는 공고 등 직원으로 간주한다.

(직원 파견 등에 관한 배려)

제26조 전조에 규정된 것 외에도 국가는 지정 법인이 수행하는 제21조에 규정된 업무의 적정하고 확실한 수행을 도모하기 위해 필요하다고 인정할 경우에는 직원의 파견 기타 적절하다고 인정되는 인적 지원에 대해 필요한 배려를 하도록 노력하는 것으로 한다.

(임원의 선임 및 해임)

제27조 1 지정 법인의 제21조에 규정된 업무에 종사하는 임원의 선임 및 해임은 국토교통대신 및 문부과학대신의 인가를 받지 않으면 그 효력을 발생하지 않는다.

2 국토교통대신 및 문부과학대신은 지정 법인의 제21조에 규정

된 업무에 종사하는 임원이 이 법 또는 이 법에 근거한 명령 또는 이들에 근거한 처분 또는 민족 공생 상징공간 구성 시설관리 업무규정에 위반하는 행위를 하였을 때, 동조에 규정된 업무에 관해 현저히 부적절한 행위를 하였을 때, 또는 그 재직으로 인해 지정 법인이 제20조 제2항 제3호에 해당하게 되는 경우에는 지정 법인에 대해 해당 임원을 해임할 것을 명할 수 있다.

(보고의 징수 및 출입 검사)

제28조 1 국토교통대신 및 문부과학대신은 이 법의 시행에 필요한 범위에서 지정 법인에 대해 그 업무에 관하여 보고를 하게 하거나, 그 소속 직원을 지정 법인의 사무소에 출입시켜 업무 상황이나 장부, 서류 기타 물건을 검사하게 하거나, 관계자에게 질문하게 할 수 있다.

2 전항의 규정에 따라 출입 검사를 하는 직원은 그 신분을 나타내는 증명서를 지참하고, 관계자의 요구가 있을 경우에는 이를 제시하지 않으면 안 된다.

3 제1항의 규정에 따른 출입 검사의 권한은 범죄 수사를 위한 것으로 해석되어서는 아니 된다.

(감독 명령)

제29조 국토교통대신 및 문부과학대신은 이 법을 시행하기 위하여 필요하다고 인정할 경우에는 지정 법인에 대해 제21조에 규정된 업무에 관한 감독상 필요한 명령을 할 수 있다.

(지정의 취소 등)

제30조 1 국토교통대신 및 문부과학대신은 지정 법인이 다음 각호의 어느 하나에 해당하는 경우에는 제20조 제1항의 규정에 따른

지정을 취소할 수 있다.
- 가. 이 법 또는 이 법에 근거한 명령을 위반한 경우
- 나. 제21조에 규정된 업무를 적정하고 확실하게 실시할 수 없을 우려가 있는 자가 된 경우
- 다. 제22조 제1항의 규정에 따라 인가를 받은 민족 공생 상징공간 구성시설 관리업무 규정에 따르지 않고 민족 공생 상징공간 구성시설 관리업무를 행한 경우
- 라. 제22조 제3항, 제27조 제2항 또는 전조의 규정에 따른 명령을 위반한 경우
- 바. 부당하게 민족 공생 상징공간 구성시설 관리업무를 실시하지 않은 경우

2 국토교통대신 및 문부과학대신은 전항의 규정에 따라 제20조 제1항의 규정에 따른 지정을 취소한 경우에는 그 사실을 공시하지 않으면 아니 된다.

(지정을 취소한 경우에 있어서의 경과조치)

제31조 1 전조 제1항의 규정에 따라 제20조 제1항의 규정에 의한 지정을 취소한 경우, 국토교통대신 및 문부과학대신이 그 취소 후에 새롭게 지정 법인을 지정했을 때에는 취소에 관련된 지정 법인의 민족 공생 상징공간 구성시설 관리업무에 관한 재산은 새롭게 지정을 받은 지정 법인에 귀속된다.

2 전항에 정한 것 외에 전조 제1항의 규정에 따라 제20조 제1항의 규정에 의한 지정을 취소한 경우에 있어서의 민족 공생 상징공간 구성시설 관리업무에 관련된 재산의 관리 그 밖의 필요한 경과조치(벌칙에 관한 경과조치를 포함한다)는 합리적으로 필요하다고 판단되는 범위

내에서 정령으로 정할 수 있다.

제7장 아이누 정책 추진 본부
(설치)

제32조 아이누 시책을 종합적이며 효과적으로 추진하기 위하여 내각에 아이누 정책 추진 본부(이하 '본부'라 한다)를 둔다.

(소관 사무)

제33조 본부는 다음에 게재하는 사무를 관장한다.

    가. 기본방침의 안의 작성에 관한 것.

    나. 기본방침의 실시를 추진하는 것.

    다. 전 2호에 게재한 것 외에 아이누 시책 중 중요한 것의 기획 및 입안 및 종합조정에 관한 것.

(조직)

제34조 본부는 아이누 정책 추진 본부장, 아이누 정책 추진 부본부장 및 아이누 정책 추진 본부원으로 조직한다.

(아이누 정책 추진 본부장)

제35조 1 본부의 장은 아이누 정책 추진 본부장(이하 '본부장'이라 한다)으로 하며 내각관방장관을 충당한다.

2 본부장은 본부의 사무를 총괄하고, 소속 직원들을 지휘·감독한다.

(아이누 정책 추진 부본부장)

제36조 1 본부에 아이누 정책 추진 부본부장(다음 항 및 다음 조 제2항에서 '부본부장'이라 한다)을 두고, 국무대신을 충당한다.

2 부본부장은 본부장의 직무를 보좌한다.

아이누 사람들의 긍지가 존중되는 사회를 실현하기 위한 시책 추진에 관한 법률

(아이누 정책 추진 본부원)

제37조 1 본부에 아이누 정책 추진 본부원(다음 항에서 '본부원'이라 한다)을 둔다.

2 본부원은 다음에 게재하는 자(제1호부터 제8호까지에 게재된 자에 있어서는, 부본부장으로 충당된 자를 제외한다)를 충당한다.

 가 법무대신
 나 외무대신
 다 문부과학대신
 라 후생노동대신
 마 농림수산대신
 바 경제산업대신
 사 국토교통대신
 자 환경대신
 차 전 각 호에 게재된 자 외에 본부장 및 부본부장이 아닌 국무대신 중에서 본부의 소관 사무를 수행하기 위해 특히 필요하다고 인정되는 자로서 내각총리대신이 지정한 자

(자료 제출 그 외 협력)

제38조 1 본부는 그 소관 사무를 수행하기 위해 필요하다고 인정되는 경우에는 관계 행정기관, 지방공공단체, 독립행정법인('독립행정법인통칙법'(1999년 법률 제103호) 제2조 제1항에 규정된 독립행정법인을 말함) 및 지방독립행정법인('지방독립행정법인법'(2003년 법률 제118호) 제2조 제1항에 규정된 지방독립행정법인을 말함)의 장, 그리고 특수법인(법률에 의해 직접 설립되었거나 특별한 법률에 의해 특별한 설립 행위를 통해 설립된 법인으로 '총무성설치법'(1999년 법률 제91호) 제4조 제1항 제9호의 규정의 적용을 받는 것을 말함)의 대

표자에 대해 자료의 제출, 의견의 표명, 설명 기타 필요한 협력을 요구할 수 있다.

 2 본부는 그 소관 사무를 수행하기 위해 특히 필요하다고 인정되는 경우에는 전항에 규정된 자 이외의 자에 대해서도 필요한 협력을 의뢰할 수 있다.

(사무)

제39조 본부에 관한 사무는 내각관방에서 처리하며, 지시를 받아 내각관방부장관보가 관장한다.

(주임의 대신)

제40조 본부에 관련된 사항에 대해서는 '내각법'(1947년 법률 제5호)에 말하는 주임의 대신은 내각총리대신으로 한다.

(정령에의 위임)

제41조 이 법에 정하는 것 외에 본부에 관한 필요한 사항은 정령으로 정한다.

제8장 잡칙

(권한의 위임)

제42조 1 이 법률에 규정된 국토교통대신의 권한은 국토교통성령으로 정하는 바에 따라 그 일부를 홋카이도개발국장에게 위임할 수 있다.

 2 제16조의 규정에 따른 농림수산대신의 권한은 농림수산성령으로 정하는 바에 따라 그 일부를 산림관리국장에게 위임할 수 있다.

 3 전항의 규정에 따라 산림관리국장에게 위임된 권한은 농림수산성령으로 정하는 바에 따라 산림관리서장에게 위임할 수 있다.

(명령에의 위임)

제43조 이 법에 정하는 것 외에 이 법의 시행을 위해 필요한 사항은 명령으로 정한다.

(벌칙)

제44조 1 제28조 제1항의 규정에 따른 보고를 하지 않거나 허위 보고를 하거나, 동항의 규정에 따른 검사를 거부, 방해, 기피하거나, 동항의 규정에 따른 질문에 대해 진술하지 않거나 허위 진술을 한 자는 30만 엔 이하의 벌금에 처한다.

2 법인의 대표자 또는 법인이나 개인의 대리인, 종업원 기타 종사자가 그 법인 또는 개인의 업무에 관하여 전항의 위반행위를 한 경우에는 행위자를 처벌하는 것 외에, 그 법인 또는 개인에 대해서도 전항의 형벌을 부과한다.

제45조 제29조의 규정에 따른 명령을 위반한 자는 50만 엔 이하의 과료에 처한다.

부칙 발췌

(시행일)

제1조 이 법률은 공포한 날부터 기산하여 1개월을 넘지 않는 범위 내에서 정령으로 정하는 날부터 시행한다. 다만, 부칙 제4조 및 제8조의 규정은 공포한 날부터 시행한다.

(아이누 문화의 진흥 및 아이누의 전통 등에 관한 지식의 보급 및 계발에 관한 법률의 폐지)

제2조 아이누 문화의 진흥 및 아이누의 전통 등에 관한 지식의 보급 및 계발에 관한 법률(헤이세이 9년 법률 제52호)은 폐지한다.

(아이누 문화의 진흥 및 아이누의 전통 등에 관한 지식의 보급 및 계발에 관한 법률의 폐지에 수반하는 경과조치)

제3조 전 조의 규정의 시행 전에 한 행위에 대한 벌칙의 적용에 대해서는 종전의 예에 따른다.

(준비행위)

제4조 제20조 제1항의 규정에 따라 지정을 받고자 하는 자는 이 법률의 시행 전에도 그 신청을 할 수 있다.

※ 제5조, 제6조, 제7조는 생략

(정령에의 위임)

제8조 부칙 제3조 및 제4조에 정하는 사항 외에 이 법의 시행에 관하여 필요한 경과 조치는 정령으로 정한다.

(검토)

제9조 정부는 이 법률 시행 후 5년이 경과한 경우에 있어 이 법률의 시행 상황에 대해 검토를 행하고 필요가 있다고 인정될 때는 그 결과에 기초하여 필요한 조치를 강구하여야 한다.

● 아이누 사람들의 긍지가 존중받는 사회를 실현하기 위한 시책 추진에 관한 법률안에 대한 부대결의(附帶決議)

2019년 4월 가결

[중의원 국토교통위원회]

정부는 본 법 시행 시 다음의 각 항에 유의하고, 그 운영에 있어 빠짐이 없도록 하여야 한다.

가. 〈UN 선주민족 권리선언〉의 취지를 바탕으로 하며, 또한 과거의 국회 결의 및 본 법에 근거하여 아이누 시책을 추진하는 과정에서 일본이 근대화하는 과정에서 많은 아이누 사람들이 고난을 겪었다는 역사적 사실을 엄숙히 받아들이고, 아이누 사람들의 자주성을 존중하며, 그 의향이 충분히 반영되도록 노력할 것.

나. 아이누 문화의 진흥 등에 자원하는 환경 정비에 관한 시책을 추진함에 있어서는 아이누 사람들의 실태 등을 파악하는 데 힘쓰는 한편, 국가, 지방공공단체 등의 연계를 강화할 것.

다. 아이누 사람들에 대한 차별을 근절하고, 아이누 사람들의 민족으로서의 긍지 존중과 공생 사회의 실현을 도모하기 위하여 아이누에 관한 교육 충실을 위한 노력을 추진할 것.

라. 아이누 사람들의 민족으로서의 긍지 존중과 일본의 다양한 생활문화의 발전을 도모하기 위하여 아이누 사람들의 생활지원 및 교육지원에 자원하는 사업이나, 존속의 위기에 처한

아이누어의 부흥을 위한 노력, 아이누 문화의 진흥 등에 대한 충실을 앞으로도 한층 더 노력할 것이며, 아이누 사람들이 홋카이도뿐만 아니라 전국에서 생활하고 있다는 점을 고려하여, 홋카이도 외 지역에 거주하는 아이누 사람들을 대상으로 하는 시책의 충실에 힘쓸 것.

마. 본 법에 근거한 조치, 특히 교부금 제도에 대해서는 본 법의 목적에 따라 아이누 시책을 적정하고 효율적으로 추진하기 위하여 제도의 적절한 운용을 도모할 것.

바. 본 법에서 특례 조치가 마련되는 인증 아이누 시책 추진 지역계획에 관한 지역단체상 표의 취득을 계기로 아이누 문화의 브랜드화 확립 등 산업진흥을 도모하기 위하여 교부금 제도의 활용이나 국가 등의 노하우 제공 등을 통해 아이누 사람들의 자립을 최대한 지원할 것.

사. 내수면에서의 연어 포획이나 국유임야에서의 임산물 채취와 같은 본 법의 특례 조치에 관하여 아이누에게 계승되어 온 의식의 보존 또는 계승 등을 사업의 목적으로 하는 취지에 비추어, 관계 기관과 긴밀히 연계하여 아이누 사람들의 관점에 서서 제도의 원활한 운용에 힘쓸 것.

자. 민족 공생 상징공간에의 방문을 통해 국내외에서 아이누의 전통 등에 대한 이해 촉진이 한층 더 이루어질 수 있도록 홍보활동이나 접근성 개선 등을 도모할 것. 또한, 민족 공생 상징공간에 관하여 적절한 운영이 도모되도록 지정 법인에 대한 지도 감독에 힘쓸 것.

※ 참의원 국토교통위원회에서도 같은 취지의 부대결의를 가결함.

저자 약력

테사 모리스-스즈키(Tessa Morris-Suzuki)

1951년 영국 출생. 호주국립대학교 명예교수. 전공은 일본 사상사, 일본 사회사. 홋카이도 개시문서 연구회 회원. 저서로는 『변경에서 바라보다-아이누가 경험한 근대(辺境から眺める-アイヌが経験する近代』(みすず書房), 『일본을 재발명하다: 시간, 공간, 네이션(日本を再発明する—時間、空間、ネーション)』(以文社) 등 다수가 있다.

이치카와 모리히로(市川守弘)

1954년 도쿄 출생. 주오대학(中央大学) 법학부 졸업, 변호사. 1999년부터 2002년까지 콜로라도 대학교 로스쿨 유학. 저서로는 『미국 인디언법의 형성과 발전(アメリカインディアン法の生成と発展)』(日弁連研修叢書), 『아이누의 법적 지위와 국가의 부정의(アイヌの法的地位と国の不正義)』(寿郎社) 등이 있다.

옮긴이 약력

박용구 한국외국어대학교 융합일본지역학부 교수
박민영 한국외국어대학교 통번역대학 일본어통번역학과 교수
김경희 국립순천대학교 일본어일본문화학과 교수
김경옥 한국외국어대학교 일본연구소 학술연구교수
오성숙 한국외국어대학교 일본연구소 전임연구원
이권희 단국대학교 교양학부 초빙교수

이 저서는 2022년 대한민국 교육부와 한국연구재단의 지원을 받아 수행된 연구임.(NRF-2022S1A5C2A02092312)

아이누의 권리란 무엇인가
신법·상징공간, 도쿄올림픽과 선주민족

초 판 인 쇄	2025년 05월 08일
초 판 발 행	2025년 05월 12일
저　　　자	테사 모리스 스즈키·이치카와 모리히로
옮　긴　이	박용구·박민영·김경희·김경옥·오성숙·이권희
발　행　인	윤석현
발　행　처	제이앤씨
책 임 편 집	최인노
등 록 번 호	제7-220호
우 편 주 소	서울시 도봉구 우이천로 353 성주빌딩
대 표 전 화	02) 992 / 3253
전　　　송	02) 991 / 1285
홈 페 이 지	http://jncbms.co.kr
전 자 우 편	jncbook@hanmail.net

ⓒ 박용구 외 2025 Printed in KOREA.

ISBN 979-11-5917-260-1　93300　　　　　정가 25,000원

* 이 책의 내용을 사전 허가 없이 전재하거나 복제할 경우 법적인 제재를 받게 됨을 알려드립니다.
** 잘못된 책은 구입하신 서점이나 본사에서 교환해 드립니다.